は　し　が　き

　平成29年3月に告示された中学校学習指導要領が，令和3年度から全面実施されます。

　今回の学習指導要領では，各教科等の目標及び内容が，育成を目指す資質・能力の三つの柱（「知識及び技能」，「思考力，判断力，表現力等」，「学びに向かう力，人間性等」）に沿って再整理され，各教科等でどのような資質・能力の育成を目指すのかが明確化されました。これにより，教師が「子供たちにどのような力が身に付いたか」という学習の成果を的確に捉え，主体的・対話的で深い学びの視点からの授業改善を図る，いわゆる「指導と評価の一体化」が実現されやすくなることが期待されます。

　また，子供たちや学校，地域の実態を適切に把握した上で教育課程を編成し，学校全体で教育活動の質の向上を図る「カリキュラム・マネジメント」についても明文化されました。カリキュラム・マネジメントの一側面として，「教育課程の実施状況を評価してその改善を図っていくこと」がありますが，このためには，教育課程を編成・実施し，学習評価を行い，学習評価を基に教育課程の改善・充実を図るというPDCAサイクルを確立することが重要です。このことも，まさに「指導と評価の一体化」のための取組と言えます。

　このように，「指導と評価の一体化」の必要性は，今回の学習指導要領において，より一層明確なものとなりました。そこで，国立教育政策研究所教育課程研究センターでは，「幼稚園，小学校，中学校，高等学校及び特別支援学校の学習指導要領等の改善及び必要な方策等について（答申）」（平成28年12月21日中央教育審議会）をはじめ，「児童生徒の学習評価の在り方について（報告）」（平成31年1月21日中央教育審議会初等中等教育分科会教育課程部会）や「小学校，中学校，高等学校及び特別支援学校等における児童生徒の学習評価及び指導要録の改善等について」（平成31年3月29日付初等中等教育局長通知）を踏まえ，このたび「『指導と評価の一体化』のための学習評価に関する参考資料」を作成しました。

　本資料では，学習評価の基本的な考え方や，各教科等における評価規準の作成及び評価の実施等について解説しているほか，各教科等別に単元や題材に基づく学習評価について事例を紹介しています。各学校においては，本資料や各教育委員会等が示す学習評価に関する資料などを参考としながら，学習評価を含むカリキュラム・マネジメントを円滑に進めていただくことで，「指導と評価の一体化」を実現し，子供たちに未来の創り手となるために必要な資質・能力が育まれることを期待します。

　最後に，本資料の作成に御協力くださった方々に心から感謝の意を表します。

　令和2年3月

　　　　　　　　　　　　　　　　　　　　　　　国 立 教 育 政 策 研 究 所
　　　　　　　　　　　　　　　　　　　　　　　教育課程研究センター長
　　　　　　　　　　　　　　　　　　　　　　　　　　笹 　井 　弘 　之

目次

　※本冊子については，改訂後の常用漢字表（平成22年11月30日内閣告示）に基づいて表記してい
　　ます。（学習指導要領及び初等中等教育局長通知等の引用部分を除く）

第1編

総説

第1編　総説

本編においては，以下の資料について，それぞれ略称を用いることとする。

> 答申：「幼稚園，小学校，中学校，高等学校及び特別支援学校の学習指導要領等の改善
> 　　　及び必要な方策等について（答申）」　平成28年12月21日　中央教育審議会
> 報告：「児童生徒の学習評価の在り方について（報告）」　平成31年1月21日　中央教
> 　　　育審議会　初等中等教育分科会　教育課程部会
> 改善等通知：「小学校，中学校，高等学校及び特別支援学校等における児童生徒の学習
> 　　　評価及び指導要録の改善等について（通知）」　平成31年3月29日　初等中等
> 　　　教育局長通知

第1章　平成29年改訂を踏まえた学習評価の改善

1　はじめに

　学習評価は，学校における教育活動に関し，児童生徒の学習状況を評価するものである。答申にもあるとおり，児童生徒の学習状況を的確に捉え，教師が指導の改善を図るとともに，児童生徒が自らの学びを振り返って次の学びに向かうことができるようにするためには，学習評価の在り方が極めて重要である。

　各教科等の評価については，学習状況を分析的に捉える「観点別学習状況の評価」と「評定」が学習指導要領に定める目標に準拠した評価として実施するものとされている[1]。観点別学習状況の評価とは，学校における児童生徒の学習状況を，複数の観点から，それぞれの観点ごとに分析する評価のことである。児童生徒が各教科等での学習において，どの観点で望ましい学習状況が認められ，どの観点に課題が認められるかを明らかにすることにより，具体的な学習や指導の改善に生かすことを可能とするものである。各学校において目標に準拠した観点別学習状況の評価を行うに当たっては，観点ごとに評価規準を定める必要がある。評価規準とは，観点別学習状況の評価を的確に行うため，学習指導要領に示す目標の実現の状況を判断するよりどころを表現したものである。本参考資料は，観点別学習状況の評価を実施する際に必要となる評価規準等，学習評価を行うに当たって参考となる情報をまとめたものである。

　以下，文部省指導資料から，評価規準について解説した部分を参考として引用する。

---

[1] 各教科の評価については，観点別学習状況の評価と，これらを総括的に捉える「評定」の両方について実施するものとされており，観点別学習状況の評価や評定には示しきれない児童生徒の一人一人のよい点や可能性，進歩の状況については，「個人内評価」として実施するものとされている。（P.6〜11に後述）

（参考）評価規準の設定（抄）

（文部省「小学校教育課程一般指導資料」（平成5年9月）より）

　新しい指導要録（平成3年改訂）では，観点別学習状況の評価が効果的に行われるようにするために，「各観点ごとに学年ごとの評価規準を設定するなどの工夫を行うこと」と示されています。

　これまでの指導要録においても，観点別学習状況の評価を適切に行うため，「観点の趣旨を学年別に具体化することなどについて工夫を加えることが望ましいこと」とされており，教育委員会や学校では目標の達成の度合いを判断するための基準や尺度などの設定について研究が行われてきました。

　しかし，それらは，ともすれば知識・理解の評価が中心になりがちであり，また「目標を十分達成（＋）」，「目標をおおむね達成（空欄）」及び「達成が不十分（－）」ごとに詳細にわたって設定され，結果としてそれを単に数量的に処理することに陥りがちであったとの指摘がありました。

　今回の改訂においては，学習指導要領が目指す学力観に立った教育の実践に役立つようにすることを改訂方針の一つとして掲げ，各教科の目標に照らしてその実現の状況を評価する観点別学習状況を各教科の学習の評価の基本に据えることとしました。したがって，評価の観点についても，学習指導要領に示す目標との関連を密にして設けられています。

　このように，学習指導要領が目指す学力観に立つ教育と指導要録における評価とは一体のものであるとの考え方に立って，各教科の目標の実現の状況を「関心・意欲・態度」，「思考・判断・表現」，「技能・表現（または技能）」及び「知識・理解」の観点ごとに適切に評価するため，「評価規準を設定する」ことを明確に示しているものです。

　「評価規準」という用語については，先に述べたように，新しい学力観に立って子供たちが自ら獲得し身に付けた資質や能力の質的な面，すなわち，学習指導要領の目標に基づく幅のある資質や能力の育成の実現状況の評価を目指すという意味から用いたものです。

2　平成29年改訂を踏まえた学習評価の意義

（1）学習評価の充実

　平成29年改訂小・中学校学習指導要領総則においては，学習評価の充実について新たに項目が置かれた。具体的には，学習評価の目的等について以下のように示し，単元や題材など内容や時間のまとまりを見通しながら，児童生徒の主体的・対話的で深い学びの実現に向けた授業改善を行うと同時に，評価の場面や方法を工夫して，学習の過程や成果を評価することを示し，授業の改善と評価の改善を両輪として行っていくことの必要性を明示した。

> ・生徒のよい点や進歩の状況などを積極的に評価し，学習したことの意義や価値を実感できるようにすること。また，各教科等の目標の実現に向けた学習状況を把握する観点から，単元や題材など内容や時間のまとまりを見通しながら評価の場面や方法を工夫して，学習の過程や成果を評価し，指導の改善や学習意欲の向上を図り，資質・能力の育成に生かすようにすること。
> ・創意工夫の中で学習評価の妥当性や信頼性が高められるよう，組織的かつ計画的な取組を推進するとともに，学年や学校段階を越えて生徒の学習の成果が円滑に接続されるように工夫すること。

（中学校学習指導要領第1章総則　第3教育課程の実施と学習評価　2学習評価の充実）
（小学校学習指導要領にも同旨）

（2）カリキュラム・マネジメントの一環としての指導と評価

　　各学校における教育活動の多くは，学習指導要領等に従い児童生徒や地域の実態を踏まえて編成された教育課程の下，指導計画に基づく授業（学習指導）として展開される。各学校では，児童生徒の学習状況を評価し，その結果を児童生徒の学習や教師による指導の改善や学校全体としての教育課程の改善等に生かしており，学校全体として組織的かつ計画的に教育活動の質の向上を図っている。このように，「学習指導」と「学習評価」は学校の教育活動の根幹に当たり，教育課程に基づいて組織的かつ計画的に教育活動の質の向上を図る「カリキュラム・マネジメント」の中核的な役割を担っている。

（3）主体的・対話的で深い学びの視点からの授業改善と評価

　　指導と評価の一体化を図るためには，児童生徒一人一人の学習の成立を促すための評価という視点を一層重視し，教師が自らの指導のねらいに応じて授業での児童生徒の学びを振り返り，学習や指導の改善に生かしていくことが大切である。すなわち，平成29年改訂学習指導要領で重視している「主体的・対話的で深い学び」の視点からの授業改善を通して各教科等における資質・能力を確実に育成する上で，学習評価は重要な役割を担っている。

（4）学習評価の改善の基本的な方向性

　　（1）〜（3）で述べたとおり，学習指導要領改訂の趣旨を実現するためには，学習評価の在り方が極めて重要であり，すなわち，学習評価を真に意味のあるものとし，指導と評価の一体化を実現することがますます求められている。

　　このため，報告では，以下のように学習評価の改善の基本的な方向性が示された。

　　① 児童生徒の学習改善につながるものにしていくこと

　　② 教師の指導改善につながるものにしていくこと

　　③ これまで慣行として行われてきたことでも，必要性・妥当性が認められないものは見直していくこと

3 平成29年改訂を受けた評価の観点の整理

　平成29年改訂学習指導要領においては，知・徳・体にわたる「生きる力」を児童生徒に育むために「何のために学ぶのか」という各教科等を学ぶ意義を共有しながら，授業の創意工夫や教科書等の教材の改善を引き出していくことができるようにするため，全ての教科等の目標及び内容を「知識及び技能」，「思考力，判断力，表現力等」，「学びに向かう力，人間性等」の育成を目指す資質・能力の三つの柱で再整理した（図1参照）。知・徳・体のバランスのとれた「生きる力」を育むことを目指すに当たっては，各教科等の指導を通してどのような資質・能力の育成を目指すのかを明確にしながら教育活動の充実を図ること，その際には，児童生徒の発達の段階や特性を踏まえ，資質・能力の三つの柱の育成がバランスよく実現できるよう留意する必要がある。

図1

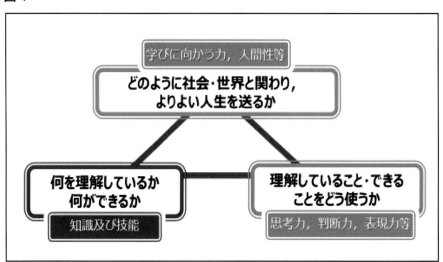

　観点別学習状況の評価については，こうした教育目標や内容の再整理を踏まえて，小・中・高等学校の各教科を通じて，4観点から3観点に整理された。（図2参照）

図2

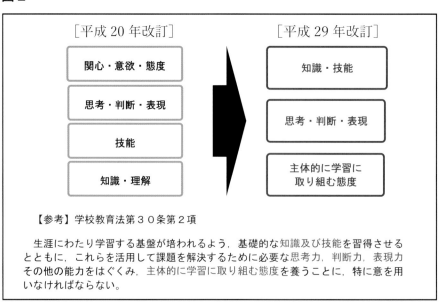

－ 6 －

4 平成 29 年改訂学習指導要領における各教科の学習評価

　各教科の学習評価においては，平成 29 年改訂においても，学習状況を分析的に捉える「観点別学習状況の評価」と，これらを総括的に捉える「評定」の両方について，学習指導要領に定める目標に準拠した評価として実施するものとされた。改善等通知では，以下のように示されている。

【小学校児童指導要録】

［各教科の学習の記録］

Ⅰ　観点別学習状況

　学習指導要領に示す各教科の目標に照らして，その実現状況を観点ごとに評価し記入する。その際，

　　　「十分満足できる」状況と判断されるもの：A

　　　「おおむね満足できる」状況と判断されるもの：B

　　　「努力を要する」状況と判断されるもの：C

のように区別して評価を記入する。

Ⅱ　評定（第 3 学年以上）

　各教科の評定は，学習指導要領に示す各教科の目標に照らして，その実現状況を，

　　　「十分満足できる」状況と判断されるもの：3

　　　「おおむね満足できる」状況と判断されるもの：2

　　　「努力を要する」状況と判断されるもの：1

のように区別して評価を記入する。

　評定は各教科の学習の状況を総括的に評価するものであり，「観点別学習状況」において掲げられた観点は，分析的な評価を行うものとして，各教科の評定を行う場合において基本的な要素となるものであることに十分留意する。その際，評定の適切な決定方法等については，各学校において定める。

【中学校生徒指導要録】

（学習指導要領に示す必修教科の取扱いは次のとおり）

［各教科の学習の記録］

Ⅰ　観点別学習状況（小学校児童指導要録と同じ）

　学習指導要領に示す各教科の目標に照らして，その実現状況を観点ごとに評価し記入する。その際，

　　　「十分満足できる」状況と判断されるもの：A

　　　「おおむね満足できる」状況と判断されるもの：B

　　　「努力を要する」状況と判断されるもの：C

のように区別して評価を記入する。

Ⅱ　評定

　各教科の評定は，学習指導要領に示す各教科の目標に照らして，その実現状況を，

「十分満足できるもののうち，特に程度が高い」状況と判断されるもの：5

「十分満足できる」状況と判断されるもの：4

「おおむね満足できる」状況と判断されるもの：3

「努力を要する」状況と判断されるもの：2

「一層努力を要する」状況と判断されるもの：1

のように区別して評価を記入する。

　評定は各教科の学習の状況を総括的に評価するものであり，「観点別学習状況」において掲げられた観点は，分析的な評価を行うものとして，各教科の評定を行う場合において基本的な要素となるものであることに十分留意する。その際，評定の適切な決定方法等については，各学校において定める。

　また，観点別学習状況の評価や評定には示しきれない児童生徒一人一人のよい点や可能性，進歩の状況については，「個人内評価」として実施するものとされている。改善等通知においては，「観点別学習状況の評価になじまず個人内評価の対象となるものについては，児童生徒が学習したことの意義や価値を実感できるよう，日々の教育活動等の中で児童生徒に伝えることが重要であること。特に『学びに向かう力，人間性等』のうち『感性や思いやり』など児童生徒一人一人のよい点や可能性，進歩の状況などを積極的に評価し児童生徒に伝えることが重要であること。」と示されている。

　「3　平成29年改訂を受けた評価の観点の整理」も踏まえて各教科における評価の基本構造を図示化すると，以下のようになる。（図3参照）

図3

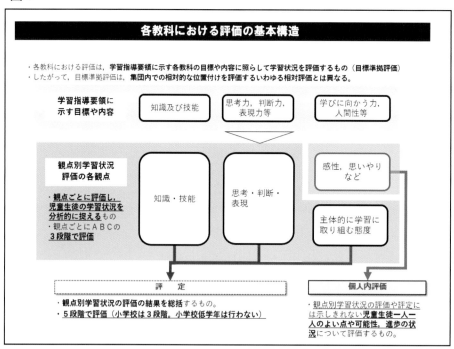

上記の，「各教科における評価の基本構造」を踏まえた3観点の評価それぞれについて

の考え方は，以下の（1）〜（3）のとおりとなる。なお，この考え方は，外国語活動（小学校），総合的な学習の時間，特別活動においても同様に考えることができる。

（1）「知識・技能」の評価について

　「知識・技能」の評価は，各教科等における学習の過程を通した知識及び技能の習得状況について評価を行うとともに，それらを既有の知識及び技能と関連付けたり活用したりする中で，他の学習や生活の場面でも活用できる程度に概念等を理解したり，技能を習得したりしているかについても評価するものである。

　「知識・技能」におけるこのような考え方は，従前の「知識・理解」（各教科等において習得すべき知識や重要な概念等を理解しているかを評価），「技能」（各教科等において習得すべき技能を身に付けているかを評価）においても重視してきたものである。

　具体的な評価の方法としては，ペーパーテストにおいて，事実的な知識の習得を問う問題と，知識の概念的な理解を問う問題とのバランスに配慮するなどの工夫改善を図るとともに，例えば，児童生徒が文章による説明をしたり，各教科等の内容の特質に応じて，観察・実験したり，式やグラフで表現したりするなど，実際に知識や技能を用いる場面を設けるなど，多様な方法を適切に取り入れていくことが考えられる。

（2）「思考・判断・表現」の評価について

　「思考・判断・表現」の評価は，各教科等の知識及び技能を活用して課題を解決する等のために必要な思考力，判断力，表現力等を身に付けているかを評価するものである。

　「思考・判断・表現」におけるこのような考え方は，従前の「思考・判断・表現」の観点においても重視してきたものである。「思考・判断・表現」を評価するためには，教師は「主体的・対話的で深い学び」の視点からの授業改善を通じ，児童生徒が思考・判断・表現する場面を効果的に設計した上で，指導・評価することが求められる。

　具体的な評価の方法としては，ペーパーテストのみならず，論述やレポートの作成，発表，グループでの話合い，作品の制作や表現等の多様な活動を取り入れたり，それらを集めたポートフォリオを活用したりするなど評価方法を工夫することが考えられる。

（3）「主体的に学習に取り組む態度」の評価について

　答申において「学びに向かう力，人間性等」には，①「主体的に学習に取り組む態度」として観点別学習状況の評価を通じて見取ることができる部分と，②観点別学習状況の評価や評定にはなじまず，こうした評価では示しきれないことから個人内評価を通じて見取る部分があることに留意する必要があるとされている。すなわち，②については観点別学習状況の評価の対象外とする必要がある。

　「主体的に学習に取り組む態度」の評価に際しては，単に継続的な行動や積極的な発言を行うなど，性格や行動面の傾向を評価するということではなく，各教科等の「主体的に学習に取り組む態度」に係る観点の趣旨に照らして，知識及び技能を習得したり，

思考力，判断力，表現力等を身に付けたりするために，自らの学習状況を把握し，学習の進め方について試行錯誤するなど自らの学習を調整しながら，学ぼうとしているかどうかという意思的な側面を評価することが重要である。

従前の「関心・意欲・態度」の観点も，各教科等の学習内容に関心をもつことのみならず，よりよく学ぼうとする意欲をもって学習に取り組む態度を評価するという考え方に基づいたものであり，この点を「主体的に学習に取り組む態度」として改めて強調するものである。

本観点に基づく評価は，「主体的に学習に取り組む態度」に係る各教科等の評価の観点の趣旨に照らして，

① 知識及び技能を獲得したり，思考力，判断力，表現力等を身に付けたりすることに向けた粘り強い取組を行おうとしている側面

② ①の粘り強い取組を行う中で，自らの学習を調整しようとする側面

という二つの側面を評価することが求められる[2]。（図4参照）

ここでの評価は，児童生徒の学習の調整が「適切に行われているか」を必ずしも判断するものではなく，学習の調整が知識及び技能の習得などに結び付いていない場合には，教師が学習の進め方を適切に指導することが求められる。

具体的な評価の方法としては，ノートやレポート等における記述，授業中の発言，教師による行動観察や児童生徒による自己評価や相互評価等の状況を，教師が評価を行う際に考慮する材料の一つとして用いることなどが考えられる。

図4

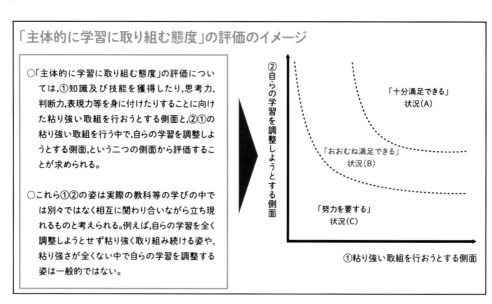

---

[2] これら①②の姿は実際の教科等の学びの中では別々ではなく相互に関わり合いながら立ち現れるものと考えられることから，実際の評価の場面においては，双方の側面を一体的に見取ることも想定される。例えば，自らの学習を全く調整しようとせず粘り強く取り組み続ける姿や，粘り強さが全くない中で自らの学習を調整する姿は一般的ではない。

　なお，学習指導要領の「2　内容」に記載のない「主体的に学習に取り組む態度」
の評価については，後述する第2章1（2）を参照のこと[3]。

5　改善等通知における特別の教科　道徳，外国語活動（小学校），総合的な学習の時間，特別活動の指導要録の記録

　改善等通知においては，各教科の学習の記録とともに，以下の（1）～（4）の各教科等の指導要録における学習の記録について以下のように示されている。

（1）特別の教科　道徳について

　中学校等については，改善等通知別紙2に，「道徳の評価については，28文科初第604号「学習指導要領の一部改正に伴う小学校，中学校及び特別支援学校小学部・中学部における児童生徒の学習評価及び指導要録の改善等について（通知）」に基づき，学習活動における生徒の学習状況や道徳性に係る成長の様子を個人内評価として文章で端的に記述する」こととされている（小学校等についても別紙1に同旨）。

（2）外国語活動について（小学校）

　改善等通知には，「外国語活動の記録については，評価の観点を記入した上で，それらの観点に照らして，児童の学習状況に顕著な事項がある場合にその特徴を記入する等，児童にどのような力が身に付いたかを文章で端的に記述すること」とされている。また，「評価の観点については，設置者は，小学校学習指導要領等に示す外国語活動の目標を踏まえ，改善等通知別紙4を参考に設定する」こととされている。

（3）総合的な学習の時間について

　中学校等については，改善等通知別紙2に，「総合的な学習の時間の記録については，この時間に行った学習活動及び各学校が自ら定めた評価の観点を記入した上で，それらの観点のうち，生徒の学習状況に顕著な事項がある場合などにその特徴を記入する等，生徒にどのような力が身に付いたかを文章で端的に記述すること」とされている。また，「評価の観点については，各学校において具体的に定めた目標，内容に基づいて別紙4を参考に定めること」とされている（小学校等についても別紙1に同旨）。

---

[3] 各教科等によって，評価の対象に特性があることに留意する必要がある。例えば，体育・保健体育科の運動に関する領域においては，公正や協力などを，育成する「態度」として学習指導要領に位置付けており，各教科等の目標や内容に対応した学習評価が行われることとされている。

（4）特別活動について

　中学校等については，改善等通知別紙2に，「特別活動の記録については，各学校が自ら定めた特別活動全体に係る評価の観点を記入した上で，各活動・学校行事ごとに，評価の観点に照らして十分満足できる活動の状況にあると判断される場合に，○印を記入する」とされている。また，「評価の観点については，学習指導要領等に示す特別活動の目標を踏まえ，各学校において改善等通知別紙4を参考に定める。その際，特別活動の特質や学校として重点化した内容を踏まえ，例えば『主体的に生活や人間関係をよりよくしようとする態度』などのように，より具体的に定めることも考えられる。記入に当たっては，特別活動の学習が学校や学級における集団活動や生活を対象に行われるという特質に留意する」とされている（小学校等についても別紙1に同旨）。

　なお，特別活動は学級担任以外の教師が指導する活動が多いことから，評価体制を確立し，共通理解を図って，児童生徒のよさや可能性を多面的・総合的に評価するとともに，確実に資質・能力が育成されるよう指導の改善に生かすことが求められる。

6　障害のある児童生徒の学習評価について

　学習評価に関する基本的な考え方は，障害のある児童生徒の学習評価についても変わるものではない。

　障害のある児童生徒については，特別支援学校等の助言又は援助を活用しつつ，個々の児童生徒の障害の状態や特性及び心身の発達の段階に応じた指導内容や指導方法の工夫を行い，その評価を適切に行うことが必要である。また，指導内容や指導方法の工夫については，学習指導要領の各教科の「指導計画の作成と内容の取扱い」の「指導計画作成上の配慮事項」の「障害のある児童生徒への配慮についての事項」についての学習指導要領解説も参考となる。

7　評価の方針等の児童生徒や保護者への共有について

　学習評価の妥当性や信頼性を高めるとともに，児童生徒自身に学習の見通しをもたせるために，学習評価の方針を事前に児童生徒と共有する場面を必要に応じて設けることが求められており，児童生徒に評価の結果をフィードバックする際にも，どのような方針によって評価したのかを改めて児童生徒に共有することも重要である。

　また，新学習指導要領下での学習評価の在り方や基本方針等について，様々な機会を捉えて保護者と共通理解を図ることが非常に重要である。

第2章　学習評価の基本的な流れ

1　各教科における評価規準の作成及び評価の実施等について

（1）目標と観点の趣旨との対応関係について

　　評価規準の作成に当たっては，各学校の実態に応じて目標に準拠した評価を行うために，「評価の観点及びその趣旨[4]」が各教科等の目標を踏まえて作成されていること，また同様に，「学年別（又は分野別）の評価の観点の趣旨[5]」が学年（又は分野）の目標を踏まえて作成されていることを確認することが必要である。

　　なお，「主体的に学習に取り組む態度」の観点は，教科等及び学年（又は分野）の目標の（3）に対応するものであるが，観点別学習状況の評価を通じて見取ることができる部分をその内容として整理し，示していることを確認することが必要である。（図5，6参照）

図5

【学習指導要領「教科の目標」】

学習指導要領　各教科等の「第1　目標」

(1)	(2)	(3)
（知識及び技能に関する目標）	（思考力，判断力，表現力等に関する目標）	（学びに向かう力，人間性等に関する目標）[6]

【改善等通知「評価の観点及びその趣旨」】

改善等通知　別紙4　評価の観点及びその趣旨

観点	知識・技能	思考・判断・表現	主体的に学習に取り組む態度
趣旨	（知識・技能の観点の趣旨）	（思考・判断・表現の観点の趣旨）	（主体的に学習に取り組む態度の観点の趣旨）

---

[4] 各教科等の学習指導要領の目標の規定を踏まえ，観点別学習状況の評価の対象とするものについて整理したものが教科等の観点の趣旨である。

[5] 各学年（又は分野）の学習指導要領の目標を踏まえ，観点別学習状況の評価の対象とするものについて整理したものが学年別（又は分野別）の観点の趣旨である。

[6] 学びに向かう力，人間性等に関する目標には，個人内評価として実施するものも含まれている。（P.8図3参照）※学年（又は分野）の目標についても同様である。

図6

【学習指導要領「学年（又は分野）の目標」】

学習指導要領　各教科等の「第2　各学年の目標及び内容」の学年ごとの「1　目標」

(1)	(2)	(3)
（知識及び技能に関する目標）	（思考力，判断力，表現力等に関する目標）	（学びに向かう力，人間性等に関する目標）

【改善等通知　別紙4「学年別（又は分野別）の評価の観点の趣旨」】

観点	知識・技能	思考・判断・表現	主体的に学習に取り組む態度
趣旨	（知識・技能の観点の趣旨）	（思考・判断・表現の観点の趣旨）	（主体的に学習に取り組む態度の観点の趣旨）

（2）「内容のまとまりごとの評価規準」とは

　　本参考資料では，評価規準の作成等について示す。具体的には，学習指導要領の規定から「内容のまとまりごとの評価規準」を作成する際の手順を示している。ここでの「内容のまとまり」とは，学習指導要領に示す各教科等の「第2　各学年の目標及び内容　2　内容」の項目等をそのまとまりごとに細分化したり整理したりしたものである[7]。平成29年改訂学習指導要領においては資質・能力の三つの柱に基づく構造化が行われたところであり，基本的には，学習指導要領に示す各教科等の「第2　各学年（分野）の目標及び内容」の「2　内容」において[8]，「内容のまとまり」ごとに育成を目指す資質・

---

[7] 各教科等の学習指導要領の「第3　指導計画の作成と内容の取扱い」1(1)に「単元（題材）などの内容や時間のまとまり」という記載があるが，この「内容や時間のまとまり」と，本参考資料における「内容のまとまり」は同義ではないことに注意が必要である。前者は，主体的・対話的で深い学びを実現するため，主体的に学習に取り組めるよう学習の見通しを立てたり学習したことを振り返ったりして自身の学びや変容を自覚できる場面をどこに設定するか，対話によって自分の考えなどを広げたり深めたりする場面をどこに設定するか，学びの深まりをつくりだすために，児童生徒が考える場面と教師が教える場面をどのように組み立てるか，といった視点による授業改善は，1単位時間の授業ごとに考えるのではなく，単元や題材などの一定程度のまとまりごとに検討されるべきであることが示されたものである。後者（本参考資料における「内容のまとまり」）については，本文に述べるとおりである。

[8] 小学校家庭においては，「第2　各学年の内容」，「1　内容」，小学校外国語・外国語活動，中学校外国語においては，「第2　各言語の目標及び内容等」，「1　目標」である。

能力が示されている。このため,「2 内容」の記載はそのまま学習指導の目標となりうるものである[9]。学習指導要領の目標に照らして観点別学習状況の評価を行うに当たり,児童生徒が資質・能力を身に付けた状況を表すために,「2 内容」の記載事項の文末を「〜すること」から「〜している」と変換したもの等を,本参考資料において「内容のまとまりごとの評価規準」と呼ぶこととする[10]。

ただし,「主体的に学習に取り組む態度」に関しては,特に,児童生徒の学習への継続的な取組を通して現れる性質を有すること等から[11],「2 内容」に記載がない[12]。そのため,各学年(又は分野)の「1 目標」を参考にしつつ,必要に応じて,改善等通知別紙4に示された学年(又は分野)別の評価の観点の趣旨のうち「主体的に学習に取り組む態度」に関わる部分を用いて「内容のまとまりごとの評価規準」を作成する必要がある。

なお,各学校においては,「内容のまとまりごとの評価規準」の考え方を踏まえて,学習評価を行う際の評価規準を作成する。

(3)「内容のまとまりごとの評価規準」を作成する際の基本的な手順

各教科における,「内容のまとまりごとの評価規準」を作成する際の基本的な手順は以下のとおりである。

学習指導要領に示された教科及び学年(又は分野)の目標を踏まえて,「評価の観点及びその趣旨」が作成されていることを理解した上で,

① 各教科における「内容のまとまり」と「評価の観点」との関係を確認する。

② 【観点ごとのポイント】を踏まえ,「内容のまとまりごとの評価規準」を作成する。

---

[9] 「2 内容」において示されている指導事項等を整理することで「内容のまとまり」を構成している教科もある。この場合は,整理した資質・能力をもとに,構成された「内容のまとまり」に基づいて学習指導の目標を設定することとなる。また,目標や評価規準の設定は,教育課程を編成する主体である各学校が,学習指導要領に基づきつつ児童生徒や学校,地域の実情に応じて行うことが必要である。

[10] 小学校家庭,中学校技術・家庭(家庭分野)については,学習指導要領の目標及び分野の目標の(2)に思考力・判断力・表現力等の育成に係る学習過程が記載されているため,これらを踏まえて「内容のまとまりごとの評価規準」を作成する必要がある。

[11] 各教科等の特性によって単元や題材など内容や時間のまとまりはさまざまであることから,評価を行う際は,それぞれの実現状況が把握できる段階について検討が必要である。

[12] 各教科等によって,評価の対象に特性があることに留意する必要がある。例えば,体育・保健体育科の運動に関する領域においては,公正や協力などを,育成する「態度」として学習指導要領に位置付けており,各教科等の目標や内容に対応した学習評価が行われることとされている。

①，②については，第2編において詳述する。同様に，【観点ごとのポイント】についても，第2編に各教科等において示している。

（4）評価の計画を立てることの重要性

学習指導のねらいが児童生徒の学習状況として実現されたかについて，評価規準に照らして観察し，毎時間の授業で適宜指導を行うことは，育成を目指す資質・能力を児童生徒に育むためには不可欠である。その上で，評価規準に照らして，観点別学習状況の評価をするための記録を取ることになる。そのためには，いつ，どのような方法で，児童生徒について観点別学習状況を評価するための記録を取るのかについて，評価の計画を立てることが引き続き大切である。

毎時間児童生徒全員について記録を取り，総括の資料とするために蓄積することは現実的ではないことからも，児童生徒全員の学習状況を記録に残す場面を精選し，かつ適切に評価するための評価の計画が一層重要になる。

（5）観点別学習状況の評価に係る記録の総括

適切な評価の計画の下に得た，児童生徒の観点別学習状況の評価に係る記録の総括の時期としては，単元（題材）末，学期末，学年末等の節目が考えられる。

総括を行う際，観点別学習状況の評価に係る記録が，観点ごとに複数ある場合は，例えば，次のような方法が考えられる。

・ **評価結果のA，B，Cの数を基に総括する場合**

何回か行った評価結果のA，B，Cの数が多いものが，その観点の学習の実施状況を最もよく表現しているとする考え方に立つ総括の方法である。例えば，3回評価を行った結果が「ABB」ならばBと総括することが考えられる。なお，「AABB」の総括結果をAとするかBとするかなど，同数の場合や三つの記号が混在する場合の総括の仕方をあらかじめ各学校において決めておく必要がある。

・ **評価結果のA，B，Cを数値に置き換えて総括する場合**

何回か行った評価結果A，B，Cを，例えばA＝3，B＝2，C＝1のように数値によって表し，合計したり平均したりする総括の方法である。例えば，総括の結果をBとする範囲を［2.5≧平均値≧1.5］とすると，「ABB」の平均値は，約2.3［（3＋2＋2）÷3］で総括の結果はBとなる。

なお，評価の各節目のうち特定の時点に重きを置いて評価を行う場合など，この例のような平均値による方法以外についても様々な総括の方法が考えられる。

（6）観点別学習状況の評価の評定への総括

評定は，各教科の観点別学習状況の評価を総括した数値を示すものである。評定は，児童生徒がどの教科の学習に望ましい学習状況が認められ，どの教科の学習に課題が

認められるのかを明らかにすることにより，教育課程全体を見渡した学習状況の把握と指導や学習の改善に生かすことを可能とするものである。

評定への総括は，学期末や学年末などに行われることが多い。学年末に評定へ総括する場合には，学期末に総括した評定の結果を基にする場合と，学年末に観点ごとに総括した結果を基にする場合が考えられる。

観点別学習状況の評価の評定への総括は，各観点の評価結果をＡ，Ｂ，Ｃの組合せ，又は，Ａ，Ｂ，Ｃを数値で表したものに基づいて総括し，その結果を小学校では３段階，中学校では５段階で表す。

Ａ，Ｂ，Ｃの組合せから評定に総括する場合，各観点とも同じ評価がそろう場合は，小学校については，「ＢＢＢ」であれば２を基本としつつ，「ＡＡＡ」であれば３，「ＣＣＣ」であれば１とするのが適当であると考えられる。中学校については，「ＢＢＢ」であれば３を基本としつつ，「ＡＡＡ」であれば５又は４，「ＣＣＣ」であれば２又は１とするのが適当であると考えられる。それ以外の場合は，各観点のＡ，Ｂ，Ｃの数の組合せから適切に評定することができるようあらかじめ各学校において決めておく必要がある。

なお，観点別学習状況の評価結果は，「十分満足できる」状況と判断されるものをＡ，「おおむね満足できる」状況と判断されるものをＢ，「努力を要する」状況と判断されるものをＣのように表されるが，そこで表された学習の実現状況には幅があるため，機械的に評定を算出することは適当ではない場合も予想される。

また，評定は，小学校については，小学校学習指導要領等に示す各教科の目標に照らして，その実現状況を「十分満足できる」状況と判断されるものを３，「おおむね満足できる」状況と判断されるものを２，「努力を要する」状況と判断されるものを１，中学校については，中学校学習指導要領等に示す各教科の目標に照らして，その実現状況を「十分満足できるもののうち，特に程度が高い」状況と判断されるものを５，「十分満足できる」状況と判断されるものを４，「おおむね満足できる」状況と判断されるものを３，「努力を要する」状況と判断されるものを２，「一層努力を要する」状況と判断されるものを１という数値で表される。しかし，この数値を児童生徒の学習状況について三つ（小学校）又は五つ（中学校）に分類したものとして捉えるのではなく，常にこの結果の背景にある児童生徒の具体的な学習の実現状況を思い描き，適切に捉えることが大切である。評定への総括に当たっては，このようなことも十分に検討する必要がある[13]。

なお，各学校では観点別学習状況の評価の観点ごとの総括及び評定への総括の考え

---

[13] 改善等通知では，「評定は各教科の学習の状況を総括的に評価するものであり，『観点別学習状況』において掲げられた観点は，分析的な評価を行うものとして，各教科の評定を行う場合において基本的な要素となるものであることに十分留意する。その際，評定の適切な決定方法等については，各学校において定める。」と示されている。(P.7，8参照)

方や方法について，教師間で共通理解を図り，児童生徒及び保護者に十分説明し理解を得ることが大切である。

2　総合的な学習の時間における評価規準の作成及び評価の実施等について
（1）総合的な学習の時間の「評価の観点」について

　　平成29年改訂学習指導要領では，各教科等の目標や内容を「知識及び技能」，「思考力，判断力，表現力等」，「学びに向かう力，人間性等」の資質・能力の三つの柱で再整理しているが，このことは総合的な学習の時間においても同様である。

　　総合的な学習の時間においては，学習指導要領が定める目標を踏まえて各学校が目標や内容を設定するという総合的な学習の時間の特質から，各学校が観点を設定するという枠組みが維持されている。一方で，各学校が目標や内容を定める際には，学習指導要領において示された以下について考慮する必要がある。

> 【各学校において定める目標】
> ・　各学校において定める目標については，各学校における教育目標を踏まえ，総合的な学習の時間を通して育成を目指す資質・能力を示すこと。　　　（第2の3(1)）

　　総合的な学習の時間を通して育成を目指す資質・能力を示すとは，各学校における教育目標を踏まえて，各学校において定める目標の中に，この時間を通して育成を目指す資質・能力を，三つの柱に即して具体的に示すということである。

> 【各学校において定める内容】
> ・　探究課題の解決を通して育成を目指す具体的な資質・能力については，次の事項に配慮すること。
> 　ア　知識及び技能については，他教科等及び総合的な学習の時間で習得する知識及び技能が相互に関連付けられ，社会の中で生きて働くものとして形成されるようにすること。
> 　イ　思考力，判断力，表現力等については，課題の設定，情報の収集，整理・分析，まとめ・表現などの探究的な学習の過程において発揮され，未知の状況において活用できるものとして身に付けられるようにすること。
> 　ウ　学びに向かう力，人間性等については，自分自身に関すること及び他者や社会との関わりに関することの両方の視点を踏まえること。　　（第2の3(6)）

　　各学校において定める内容について，今回の改訂では新たに，「目標を実現するにふさわしい探究課題」，「探究課題の解決を通して育成を目指す具体的な資質・能力」の二つを定めることが示された。「探究課題の解決を通して育成を目指す具体的な資質・能力」とは，各学校において定める目標に記された資質・能力を，各探究課題に即して具体的に示したものであり，教師の適切な指導の下，児童生徒が各探究課題の解決に取り組む中で，育成することを目指す資質・能力のことである。この具体的な資質・能力も，「知識及び技能」，「思考力，判断力，表現力等」，「学びに向かう力，人間性等」という

資質・能力の三つの柱に即して設定していくことになる。

　このように，各学校において定める目標と内容には，三つの柱に沿った資質・能力が明示されることになる。

　したがって，資質・能力の三つの柱で再整理した新学習指導要領の下での指導と評価の一体化を推進するためにも，評価の観点についてこれらの資質・能力に関わる「知識・技能」，「思考・判断・表現」，「主体的に学習に取り組む態度」の3観点に整理し示したところである。

（2）総合的な学習の時間の「内容のまとまり」の考え方

　学習指導要領の第2の2では，「各学校においては，第1の目標を踏まえ，各学校の総合的な学習の時間の内容を定める。」とされており，各教科のようにどの学年で何を指導するのかという内容を明示していない。これは，各学校が，学習指導要領が定める目標の趣旨を踏まえて，地域や学校，児童生徒の実態に応じて，創意工夫を生かした内容を定めることが期待されているからである。

　この内容の設定に際しては，前述したように「目標を実現するにふさわしい探究課題」，「探究課題の解決を通して育成を目指す具体的な資質・能力」の二つを定めることが示され，探究課題としてどのような対象と関わり，その探究課題の解決を通して，どのような資質・能力を育成するのかが内容として記述されることになる。（図7参照）

図7

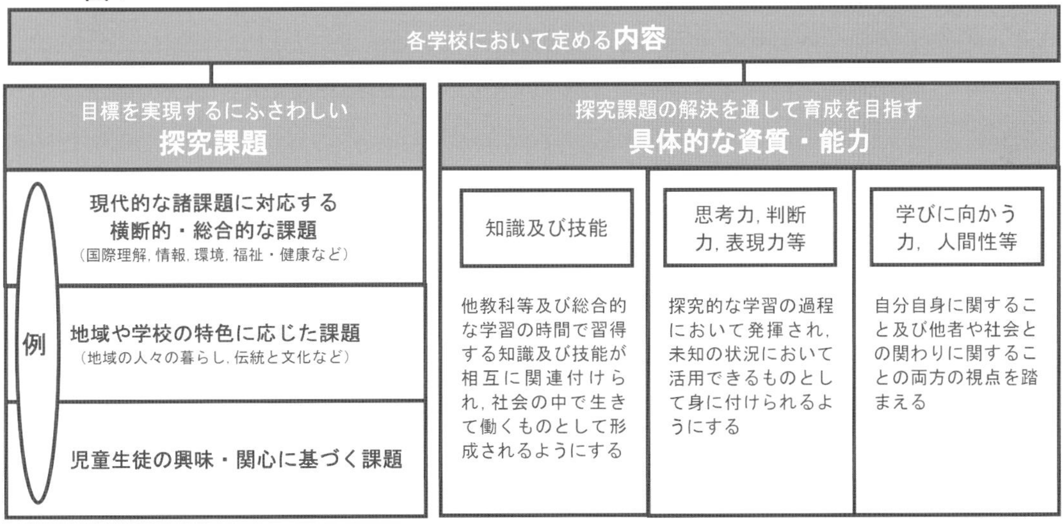

　本参考資料第1編第2章の1（2）では，「内容のまとまり」について，「学習指導要領に示す各教科等の『第2　各学年の目標及び内容　2　内容』の項目等をそのまとまりごとに細分化したり整理したりしたもので，『内容のまとまり』ごとに育成を目指す資質・能力が示されている」と説明されている。

　したがって，総合的な学習の時間における「内容のまとまり」とは，全体計画に示した「目標を実現するにふさわしい探究課題」のうち，一つ一つの探究課題とその探究課題に応じて定めた具体的な資質・能力と考えることができる。

（3）「内容のまとまりごとの評価規準」を作成する際の基本的な手順

　　総合的な学習の時間における，「内容のまとまりごとの評価規準」を作成する際の基本的な手順は以下のとおりである。

---

① 　各学校において定めた目標（第2の1）と「評価の観点及びその趣旨」を確認する。

---

② 　各学校において定めた内容の記述（「内容のまとまり」として探究課題ごとに作成した「探究課題の解決を通して育成を目指す具体的な資質・能力」）が，観点ごとにどのように整理されているかを確認する。

---

③【観点ごとのポイント】を踏まえ，「内容のまとまりごとの評価規準」を作成する。

3　特別活動の「評価の観点」とその趣旨，並びに評価規準の作成及び評価の実施等について

（1）特別活動の「評価の観点」とその趣旨について

　　特別活動においては，改善等通知において示されたように，特別活動の特質と学校の創意工夫を生かすということから，設置者ではなく，「各学校で評価の観点を定める」ものとしている。本参考資料では「評価の観点」とその趣旨の設定について示している。

（2）特別活動の「内容のまとまり」

　　小学校においては，学習指導要領の内容の〔学級活動〕「（1）学級や学校における生活づくりへの参画」，「（2）日常の生活や学習への適応と自己の成長及び健康安全」，「（3）一人一人のキャリア形成と自己実現」，〔児童会活動〕，〔クラブ活動〕，〔学校行事〕（1）儀式的行事，（2）文化的行事，（3）健康安全・体育的行事，（4）遠足・集団宿泊的行事，（5）勤労生産・奉仕的行事を「内容のまとまり」とした。

　　中学校においては，学習指導要領の内容の〔学級活動〕「（1）学級や学校における生活づくりへの参画」，「（2）日常の生活や学習への適応と自己の成長及び健康安全」，「（3）一人一人のキャリア形成と自己実現」，〔生徒会活動〕，〔学校行事〕（1）儀式的行事，（2）文化的行事，（3）健康安全・体育的行事，（4）旅行・集団宿泊的行事，（5）勤労生産・奉仕的行事を「内容のまとまり」とした。

（3）特別活動の「評価の観点」とその趣旨，並びに「内容のまとまりごとの評価規準」を作成する際の基本的な手順

　　各学校においては，学習指導要領に示された特別活動の目標及び内容を踏まえ，自校の実態に即し，改善等通知の例示を参考に観点を作成する。その際，例えば，特別活動の特質や学校として重点化した内容を踏まえて，具体的な観点を設定することが考えられる。

　また，学習指導要領解説では，各活動・学校行事の内容ごとに育成を目指す資質・能力が例示されている。そこで，学習指導要領で示された「各活動・学校行事の目標」及び学習指導要領解説で例示された「資質・能力」を確認し，各学校の実態に合わせて育成を目指す資質・能力を重点化して設定する。

　次に，各学校で設定した，各活動・学校行事で育成を目指す資質・能力を踏まえて，「内容のまとまりごとの評価規準」を作成する。その際，小学校の学級活動においては，学習指導要領で示した「各学年段階における配慮事項」や，学習指導要領解説に示した「発達の段階に即した指導のめやす」を踏まえて，低・中・高学年ごとに評価規準を作成することが考えられる。基本的な手順は以下のとおりである。

---

①　学習指導要領の「特別活動の目標」と改善等通知を確認する。

②　学習指導要領の「特別活動の目標」と自校の実態を踏まえ，改善等通知の例示を参考に，特別活動の「評価の観点」とその趣旨を設定する。

③　学習指導要領の「各活動・学校行事の目標」及び学習指導要領解説特別活動編（平成 29 年 7 月）で例示した「各活動・学校行事における育成を目指す資質・能力」を参考に，各学校において育成を目指す資質・能力を重点化して設定する。

④　【観点ごとのポイント】を踏まえ，「内容のまとまりごとの評価規準」を作成する。

（参考）平成 23 年「評価規準の作成，評価方法等の工夫改善のための参考資料」からの変更点について

　今回作成した本参考資料は，平成 23 年の「評価規準の作成，評価方法等の工夫改善のための参考資料」を踏襲するものであるが，以下のような変更点があることに留意が必要である[14]。

　まず，平成 23 年の参考資料において使用していた「評価規準に盛り込むべき事項」や「評価規準の設定例」については，報告において「現行の参考資料のように評価規準を詳細に示すのではなく，各教科等の特質に応じて，学習指導要領の規定から評価規準を作成する際の手順を示すことを基本とする」との指摘を受け，第 2 編において示すことを改め，本参考資料の第 3 編における事例の中で，各教科等の事例に沿った評価規準を例示したり，その作成手順等を紹介したりする形に改めている。

　次に，本参考資料の第 2 編に示す「内容のまとまりごとの評価規準」は，平成 23 年の「評価規準の作成，評価方法等の工夫改善のための参考資料」において示した「評価規準に盛り込むべき事項」と作成の手順を異にする。具体的には，「評価規準に盛り込むべき事項」は，平成 20 年改訂学習指導要領における各教科等の目標，各学年（又は分野）の目標及び内容の記述を基に，学習評価及び指導要録の改善通知で示している各教科等の評価の観点及びその趣旨，学年（又は分野）別の評価の観点の趣旨を踏まえて作成したものである。

　また，平成 23 年の参考資料では「評価規準に盛り込むべき事項」をより具体化したものを「評価規準の設定例」として示している。「評価規準の設定例」は，原則として，学習指導要領の各教科等の目標，学年（又は分野）別の目標及び内容のほかに，当該部分の学習指導要領解説（文部科学省刊行）の記述を基に作成していた。他方，本参考資料における「内容のまとまりごとの評価規準」については，平成 29 年改訂の学習指導要領の目標及び内容が育成を目指す資質・能力に関わる記述で整理されたことから，既に確認のとおり，そこでの「内容のまとまり」ごとの記述を，文末を変換するなどにより評価規準とすることを可能としており，学習指導要領の記載と表裏一体をなす関係にあると言える。

　さらに，「主体的に学習に取り組む態度」の「各教科等・各学年等の評価の観点の趣旨」についてである。前述のとおり，従前の「関心・意欲・態度」の観点から「主体的に学習に取り組む態度」の観点に改められており，「主体的に学習に取り組む態度」の観点に関しては各学年（又は分野）の「1　目標」を参考にしつつ，必要に応じて，改善等通知別紙 4 に示された学年（又は分野）別の評価の観点の趣旨のうち「主体的に学習に取り組む態度」に関わる部分を用いて「内容のまとまりごとの評価規準」を作成する必要がある。

---

[14] 特別活動については，これまでも三つの観点に基づいて児童生徒の資質・能力の育成を目指し，指導に生かしてきたところであり，上記の変更点に該当するものではないことに留意が必要である。

報告にあるとおり，「主体的に学習に取り組む態度」は，現行の「関心・意欲・態度」の観点の本来の趣旨であった，各教科等の学習内容に関心をもつことのみならず，よりよく学ぼうとする意欲をもって学習に取り組む態度を評価することを改めて強調するものである。また，本観点に基づく評価としては，「主体的に学習に取り組む態度」に係る各教科等の評価の観点の趣旨に照らし，

　① 知識及び技能を獲得したり，思考力，判断力，表現力等を身に付けたりすること
　　に向けた粘り強い取組を行おうとする側面と，

　② ①の粘り強い取組を行う中で，自らの学習を調整しようとする側面，

という二つの側面を評価することが求められるとされた[15]。

　以上の点から，今回の改善等通知で示した「主体的に学習に取り組む態度」の「各教科等・各学年等の評価の観点の趣旨」は，平成22年通知で示した「関心・意欲・態度」の「各教科等・各学年等の評価の観点の趣旨」から改められている。

---

[15] 各教科等によって，評価の対象に特性があることに留意する必要がある。例えば，体育・保健体育科の運動に関する領域においては，公正や協力などを，育成する「態度」として学習指導要領に位置付けており，各教科等の目標や内容に対応した学習評価が行われることとされている。

第2編

「内容のまとまりごとの評価規準」
を作成する際の手順

1　中学校国語科の「内容のまとまり」

中学校国語科における「内容のまとまり」は，以下のようになっている。

> 　各学年とも，「2　内容」は，〔知識及び技能〕と〔思考力，判断力，表現力等〕の二つの「内容のまとまり」で示されている。これらのまとまりは，更に以下のように分けられている。
>
> 〔知識及び技能〕
> 　(1)　言葉の特徴や使い方に関する事項
> 　(2)　情報の扱い方に関する事項
> 　(3)　我が国の言語文化に関する事項
>
> 〔思考力，判断力，表現力等〕
> 　A話すこと・聞くこと
> 　B書くこと
> 　C読むこと

2 中学校国語科における「内容のまとまりごとの評価規準」作成の手順

　　ここでは，第1学年の〔思考力，判断力，表現力等〕の「A話すこと・聞くこと」を取り上げて，「内容のまとまりごとの評価規準」作成の手順を説明する。

　　まず，学習指導要領に示された教科及び学年の目標を踏まえて，「評価の観点及びその趣旨」が作成されていることを理解する。その上で，①及び②の手順を踏む。

＜例　第1学年の〔思考力，判断力，表現力等〕の「A話すこと・聞くこと」＞

【中学校学習指導要領 第2章 第1節　国語「第1 目標」】

　　言葉による見方・考え方を働かせ，言語活動を通して，国語で正確に理解し適切に表現する資質・能力を次のとおり育成することを目指す。

（1）	（2）	（3）
社会生活に必要な国語について，その特質を理解し適切に使うことができるようにする。	社会生活における人との関わりの中で伝え合う力を高め，思考力や想像力を養う。	言葉がもつ価値を認識するとともに，言語感覚を豊かにし，我が国の言語文化に関わり，国語を尊重してその能力の向上を図る態度を養う。

（中学校学習指導要領 P.29）

【改善等通知 別紙4　国語（1）評価の観点及びその趣旨　＜中学校　国語＞】

知識・技能	思考・判断・表現	主体的に学習に取り組む態度
社会生活に必要な国語について，その特質を理解し適切に使っている。	「話すこと・聞くこと」，「書くこと」，「読むこと」の各領域において，社会生活における人との関わりの中で伝え合う力を高め，自分の思いや考えを広げたり深めたりしている。	言葉を通じて積極的に人と関わったり，思いや考えを深めたりしながら，言葉がもつ価値を認識しようとしているとともに，言語感覚を豊かにし，言葉を適切に使おうとしている。

（改善等通知　別紙4　P.1）

※　〔思考力，判断力，表現力等〕の各領域において育成を目指す資質・能力を明確にするため，「思考・判断・表現」の趣旨の冒頭に，「話すこと・聞くこと」，「書くこと」，「読むこと」の3領域を明示している。

【中学校学習指導要領 第2章 第1節　国語「第2　各学年の目標及び内容」

〔第1学年〕　1　目標】

（1）	（2）	（3）
社会生活に必要な国語の知識や技能を身に付けるとともに，我が国の言語文化に親しんだり理解したりすることができるようにする。	筋道立てて考える力や豊かに感じたり想像したりする力を養い，日常生活における人との関わりの中で伝え合う力を高め，自分の思いや考えを確かなものにすることができるようにする。	言葉がもつ価値に気付くとともに，進んで読書をし，我が国の言語文化を大切にして，思いや考えを伝え合おうとする態度を養う。

（中学校学習指導要領 P.29）

【改善等通知　別紙4　国語（2）学年別の評価の観点の趣旨　＜中学校　国語＞　第1学年】

知識・技能	思考・判断・表現	主体的に学習に取り組む態度
社会生活に必要な国語の知識や技能を身に付けているとともに，我が国の言語文化に親しんだり理解したりしている。	「話すこと・聞くこと」，「書くこと」，「読むこと」の各領域において，筋道立てて考える力や豊かに感じたり想像したりする力を養い，日常生活における人との関わりの中で伝え合う力を高め，自分の思いや考えを確かなものにしている。	言葉を通じて積極的に人と関わったり，思いや考えを確かなものにしたりしながら，言葉がもつ価値に気付こうとしているとともに，進んで読書をし，言葉を適切に使おうとしている。

（改善等通知　別紙4　P.2）

※　〔思考力，判断力，表現力等〕の各領域において育成を目指す資質・能力を明確にするため，「思考・判断・表現」の趣旨の冒頭に，「話すこと・聞くこと」，「書くこと」，「読むこと」の3領域を明示している。

① 各教科における「内容のまとまり」と「評価の観点」との関係を確認する。

「内容のまとまり」と「評価の観点」との対応は，以下のように整理する。

「内容のまとまり」

〔知識及び技能〕	〔思考力，判断力，表現力等〕
(1) 言葉の特徴や使い方に関する事項	A話すこと・聞くこと
(2) 情報の扱い方に関する事項	B書くこと
(3) 我が国の言語文化に関する事項	C読むこと

⇩　　　　　　　　　　　　⇩

「評価の観点」

知識・技能	思考・判断・表現	主体的に学習に取り組む態度

　つまり，〔知識及び技能〕は「知識・技能」，〔思考力，判断力，表現力等〕は「思考・判断・表現」と対応している。

②　【観点ごとのポイント】を踏まえ，「内容のまとまりごとの評価規準」を作成する。

（１）「内容のまとまりごとの評価規準」を作成する際の【観点ごとのポイント】

　一年間を通して，当該学年に示された指導事項を身に付けることができるよう指導することを基本とする。

○「知識・技能」のポイント

・基本的に，当該単元で育成を目指す資質・能力に該当する〔知識及び技能〕の指導事項について，その文末を「～している。」として，「知識・技能」の評価規準を作成する。なお，育成したい資質・能力に照らして，指導事項の一部を用いて評価規準を作成することもある。

○「思考・判断・表現」のポイント

・基本的に，当該単元で育成を目指す資質・能力に該当する〔思考力，判断力，表現力等〕の指導事項について，その文末を「～している。」として，「思考・判断・表現」の評価規準を作成する。なお，育成したい資質・能力に照らして，指導事項の一部を用いて評価規準を作成することもある。

・評価規準の冒頭には，当該単元で指導する一領域を「（領域名を入れる）において，」と明記する。

○「主体的に学習に取り組む態度」のポイント

・第１編で説明されているように，①知識及び技能を獲得したり，思考力，判断力，表現力等を身に付けたりすることに向けた粘り強い取組を行おうとする側面と，②①の粘り強い取組を行う中で，自らの学習を調整しようとする側面の双方を適切に評価できる評価規準を作成する。文末は「～しようとしている。」とする。「学年別の評価の観点の趣旨」においては，主として，①に関しては「言葉を通じて積極的に人と関わったり」，②に関しては「思いや考えを確かなものにしたりしながら（思いや考えを広げたり深めたりしながら）」が対応する。①，②を踏まえ，当該単元で育成する資質・能力と言語活動に応じて文言を作成する。

（２）学習指導要領の「２　内容」 及び 「内容のまとまりごとの評価規準（例)」

＜例　第１学年の〔思考力，判断力，表現力等〕の「A話すこと・聞くこと」＞
　ア　紹介や報告など伝えたいことを話したり，それらを聞いて質問したり意見などを述べたりする活動を通した指導の評価規準の例

	知識及び技能	思考力，判断力，表現力等	学びに向かう力，人間性等
学習指導要領　２　内容	(1)エ　単語の類別について理解するとともに，指示する語句と接続する語句の役割について理解を深めること。	ア　目的や場面に応じて，日常生活の中から話題を決め，集めた材料を整理し，伝え合う内容を検討すること。 エ　必要に応じて記録したり質問したりしながら話の内容を捉え，共通点や相違点などを踏まえて，自分の考えをまとめること。	国語科の内容には，「学びに向かう力，人間性等」に係る指導事項は示されていない。そのため，当該学年目標(3)等を参考に作成する。

	知識・技能	思考・判断・表現	主体的に学習に取り組む態度
内容のまとまりごとの評価規準　例	・指示する語句と接続する語句の役割について理解を深めている。((1)エ) ＊指導事項の一部を用いた例。	・「話すこと・聞くこと」において，目的や場面に応じて，日常生活の中から話題を決め，集めた材料を整理し，伝え合う内容を検討している。(ア) ・「話すこと・聞くこと」において，必要に応じて記録したり質問したりしながら話の内容を捉え，共通点や相違点などを踏まえて，自分の考えをまとめている。(エ)	・言葉を通じて積極的に人と関わったり，学習の見通しをもって思いや考えを確かなものにしたりしながら，言葉を適切に使おうとしている。

※１　国語科においては，指導事項に示された資質・能力を確実に育成するため，基本的には「内容のまとまりごとの評価規準」が単元の評価規準となる。

※２　「主体的に学習に取り組む態度」の評価規準については，上記の内容を踏まえた上で，当該単元で育成を目指す資質・能力と言語活動に応じて作成する。具体的には，①知識及び技能を獲得したり，思考力，判断力，表現力等を身に付けたりすることに向けた粘り強い取組を行おうとする側面と，②①の粘り強い取組を行う中で，自らの学習を調整しようとする側面の双方を適切に評価するため，次の③，④に示したように，特に，粘り強さを発揮してほしい内容と，自らの学

習の調整が必要となる具体的な言語活動を考えて授業を構想し，評価規準を設定することが大切である。このことを踏まえれば，①から④の内容を全て含め，単元の目標や学習内容等に応じて，その組合せを工夫することが考えられる。なお，〈　〉内の言葉は，当該内容の学習状況を例示したものであり，これ以外も想定される。

 ①粘り強さ〈積極的に，進んで，粘り強く等〉

 ②自らの学習の調整〈学習の見通しをもって，学習課題に沿って，今までの学習を生かして等〉

 ③他の２観点において重点とする内容（特に，粘り強さを発揮してほしい内容）

 ④当該単元の具体的な言語活動（自らの学習の調整が必要となる具体的な言語活動）

※3 ※1，※2を踏まえた上で，生徒の学習の状況を適切に評価するために，実際の学習活動を踏まえて「Bと判断する状況」の例，「Cと判断する状況への手立て」の例を評価規準に沿って想定するようにする（第3編参照）。

第3編

単元ごとの学習評価について

（事例）

第1章　「内容のまとまりごとの評価規準」の考え方を踏まえた評価規準の作成

1　本編事例における学習評価の進め方について

　単元における観点別学習状況の評価を実施するに当たり，まずは年間の指導と評価の計画を確認することが重要である。その上で，学習指導要領の目標や内容，「内容のまとまりごとの評価規準」の考え方等を踏まえ，以下のように進めることが考えられる。なお，複数の単元にわたって評価を行う場合など，以下の方法によらない事例もあることに留意する必要がある。

第3編

評価の進め方	留意点
1　単元の目標を作成する	○　学習指導要領の目標や内容，学習指導要領解説等を踏まえて作成する。 ○　生徒の実態，前単元までの学習状況等を踏まえて作成する。 ※　単元の目標及び評価規準の関係性（イメージ）については下図参照
2　単元の評価規準を作成する	
3　「指導と評価の計画」を作成する	○　**1**，**2**を踏まえ，評価場面や評価方法等を計画する。 ○　どのような評価資料（生徒の反応やノート，ワークシート，作品等）を基に，「おおむね満足できる」状況（B）と評価するかを考えたり，「努力を要する」状況（C）への手立て等を考えたりする。
授業を行う	○　**3**に沿って観点別学習状況の評価を行い，生徒の学習改善や教師の指導改善につなげる。
4　観点ごとに総括する	○　集めた評価資料やそれに基づく評価結果などから，観点ごとの総括的評価（A，B，C）を行う。

単元の目標及び評価規準の関係性について（イメージ図）

学習指導要領　　第1編第2章1（2）を参照

「内容のまとまりごとの評価規準」

学習指導要領解説等を参考に，各学校において授業で育成を目指す資質・能力を明確化

「内容のまとまりごとの評価規準」の考え方等を踏まえて作成

単元の目標　　第3編第1章2を参照

単元の評価規準

※　外国語科及び外国語活動においてはこの限りではない。

2 単元の評価規準の作成のポイント

中学校国語科においては，次のような流れで授業を構想し，評価規準を作成する。

Step 1
単元で取り上げる
指導事項の確認

・年間指導計画等を基に，単元で取り上げる指導事項を確認する。

↓

Step 2
単元の目標と
言語活動の設定

・**Step 1** で確認した指導事項を基に，以下の３点について単元の目標を設定する。
(1)「知識及び技能」の目標
(2)「思考力，判断力，表現力等」の目標
→(1)，(2)については，基本的に指導事項の文末を「～できる。」として示す。
(3)「学びに向かう力，人間性等」の目標
→(3)については，いずれの単元においても当該学年の学年の目標である「言葉がもつ価値～思いや考えを伝え合おうとする。」までを示す。
・単元の目標を実現するために適した言語活動を，言語活動例を参考にして位置付ける。

↓

Step 3
単元の評価規準
の設定

・以下を参考に，単元の評価規準を作成する。
　「知識・技能」の評価規準の設定の仕方
　　当該単元で育成を目指す資質・能力に該当する〔知識及び技能〕の指導事項の文末を「～している。」として作成する。育成したい資質・能力に照らして，指導事項の一部を用いて作成することもある。
　「思考・判断・表現」の評価規準の設定の仕方
　　当該単元で育成を目指す資質・能力に該当する〔思考力，判断力，表現力等〕の指導事項の冒頭に，指導する一領域を「（領域名）において，」と明記し，文末を「～している。」として作成する。育成したい資質・能力に照らして，指導事項の一部を用いて作成することもある。
　「主体的に学習に取り組む態度」の評価規準の設定の仕方
　　以下の①から④の内容を全て含め，単元の目標や学習内容等に応じて，その組合せを工夫することが考えられる。文末は「～しようとしている。」とする。なお，〈　〉内の言葉は，当該内容の学習状況を例示したものであり，これ以外も想定される。
　　　①粘り強さ〈積極的に，進んで，粘り強く等〉
　　　②自らの学習の調整〈学習の見通しをもって，学習課題に沿って，今までの学習を生かして等〉
　　　③他の２観点において重点とする内容（特に，粘り強さを発揮してほしい内容）
　　　④当該単元の具体的な言語活動（自らの学習の調整が必要となる具体的な言語活動）

↓

Step 4
単元の指導と評価
の計画の決定

・各時間の具体的な学習活動を構想し，単元のどの段階でどの評価規準に基づいて評価するかを決定する。

↓

Step 5
評価の実際と手立
ての想定

・それぞれの評価規準について，実際の学習活動を踏まえて，「Bと判断する状況」の例，「Cと判断する状況への手立て」の例を想定する。

（各事例の記載について）

各事例の主な特徴をキーワードで示している。いずれの事例も，3観点の評価について掲載している。

「単元名」は，どのような資質・能力を育成するために，どのような言語活動を行うのかが生徒に分かるように工夫している。「単元名」の付け方は，4事例を通して複数のパターンを示している。

該当する指導事項を示すことで，学習指導要領の指導事項との関連を明確にしている。

単元の「指導と評価の計画」の全体像を簡易に示し，どの時間に何を評価するのかを整理している。

単元の流れ（各時間の詳細）を具体的に示している。

「単元の評価規準」について，評価する場面と評価方法，及び「Bと判断する状況」の例を示している。「Bと判断する状況」の例の書き方は，4事例を通して複数のパターンを示している。

《授業例》において，どのように学習を評価したのか，その実際を《本授業例における評価の実際》として詳しく説明している。

国語科　事例2
キーワード　「主体的に学習に取り組む態度」の評価，ICTの活用

単元名	内容のまとまり
投書を書こう ～多様な読み手を想定して文章全体を整える～ 第3学年　B書くこと	第3学年 〔知識及び技能〕(2)情報の扱い方に関する事項 〔思考力，判断力，表現力等〕「B書くこと」

各事例を学習指導案の形式で《授業例》として示している。

《授業例》
1　単元の目標
(1) 具体と抽象など情報と情報と
(2) 目的や意図に応じた表現にな　　　　　　　　　　，文章全体を整えることができる。
〔思考力，判断力，表現力等〕B(1)エ
(3) 言葉がもつ価値を認識するとともに，読書を通して自己を向上させ，我が国の言語文化に関わり，思いや考えを伝え合おうとする。　　　「学びに向かう力，人間性等」

2　本単元における言語活動
　関心のある事柄について，投書を書く。（関連：〔思考力，判断力，表現力等〕B(2)ア）

3　単元の評価規準

知識・技能	思考・判断・表現	主体的に学習に取り組む態度
①具体と抽象など情報と情報との関係について理解を深めている。（(2)ア）	①「書くこと」において，目的や意図に応じた表現になっているかなどを確かめて，文章全体を整えている。（B(1)エ）	進んで文章全体を整え，今までの学習を生かして自分の考えを投書に書こうとしている。

4　指導と評価の計画（4時間）

時	主たる学習活動	評価する内容	評価方法
1	○ 関心のある事柄から新聞に投書する題材を決め，自分の意見と根拠をワークシートに書いて整理する。	〔知識・技能〕①	ワークシート
2	○ 投書の下書きをワープロソフトで入力する。 ○ グループで下書きを読み合い，分かりにくい部分等について確認し合う。		
3	○ 投書にふさわしい表現について考える。 ○ 読み手の立場に立って自分の下書きを読み，目的や意図に応じた表現になっているかを確かめる。	〔主体的に学習に取り組む態度〕①	下書き原稿
4	○ 前時に考えたことを基に，ワープロソフトの校閲機能を用いて推敲する。 ○ 推敲した文章を教師に提出し，希望者は清書したデータを投稿する。	〔思考・判断・表現〕①	推敲した文章

【単元の流れ】

時	学習活動	指導上の留意点	評価規準・評価方法等
1	○ 学習のねらいや進め方をつかみ，学習の見通しをもつ。 ○ 関心のある事柄から新聞の投書で伝えたい題材を決める。 ○ 伝えたい自分の意見と根拠，根拠に関連する具体的な出来事	・実際の投書をいくつか示し，学習の見通しをもたせる。 ・実際の投書を参考にさせ，伝えたい内容を考えさせる。 ・既習の「情報と情報との関係」について想起させ，意見と根拠，根拠に関連する具体的な出来事や事実を整理させる。	〔知識・技能〕① ワークシート ・根拠に関連する具体的な出来事や事実
	○ これまでの「書くこと」の学	・この段階では，目的や意図に応	本時は，B(1)ウに

- - - - - - - - - - （略） - - - - - - - - - -

《本授業例における評価の実際》
5　観点別学習状況の評価の進め方
　本事例では，単元の評価規準を踏まえて設定したキーワードにより評価することを試みている。
(1) 〔主体的に学習に取り組む態度〕の評価
　本単元では，目的や意図に応じた表現になっているかを確かめて，文章全体を整える力を身に付けさせることに重点を置いているので，文章全体を俯瞰し，多様な読み手に対して自分の考えが分かりやすく伝わる表現に文章を整えようとする過程で，特に粘り強さを発揮させたいと考えた。また，文章の構成や表現の仕方等について今まで学習したことを生かして自分の考えを投書に書く活動の中で，自らの学習の進め方を調整できるようにしたいと考えた。
　そこで，主体的に学習に取り組む態度の評価規準を「進んで文章全体を整え，今までの学習を生かして自分の考えを投書に書こうとしている。」と設定し，「おおむね満足できる」状況（B）の例を，以下の【キーワード】によって具体的に想定した。

【キーワード】多様な読み手に自分の考えが分かりやすく伝わる表現の検討

第2章　学習評価に関する事例について

1　事例の特徴

　第1編第1章2（4）で述べた学習評価の改善の基本的な方向性を踏まえつつ，平成29年改訂学習指導要領の趣旨・内容の徹底に資する評価の事例を示すことができるよう，本参考資料における事例は，原則として以下のような方針を踏まえたものとしている。

○　単元に応じた評価規準の設定から評価の総括までとともに，生徒の学習改善及び教師の指導改善までの一連の流れを示している

　　本参考資料で提示する事例は，いずれも，単元の評価規準の設定から評価の総括までとともに，評価結果を生徒の学習改善や教師の指導改善に生かすまでの一連の学習評価の流れを念頭においたものである（事例の一つは，この一連の流れを特に詳細に示している）。なお，観点別の学習状況の評価については「おおむね満足できる」状況，「十分満足できる」状況，「努力を要する」状況と判断した生徒の具体的な状況の例などを示している。「十分満足できる」状況という評価になるのは，生徒が実現している学習の状況が質的な高まりや深まりをもっていると判断されるときである。

○　観点別の学習状況について評価する時期や場面の精選について示している

　　報告や改善等通知では，学習評価については，日々の授業の中で生徒の学習状況を適宜把握して指導の改善に生かすことに重点を置くことが重要であり，観点別の学習状況についての評価は，毎回の授業ではなく原則として単元や題材など内容や時間のまとまりごとに，それぞれの現実状況を把握できる段階で行うなど，その場面を精選することが重要であることが示された。このため，観点別の学習状況について評価する時期や場面の精選について，「指導と評価の計画」の中で，具体的に示している。

○　評価方法の工夫を示している

　　生徒の反応やノート，ワークシート，作品等の評価資料をどのように活用したかなど，評価方法の多様な工夫について示している。

2 各事例概要一覧と事例

事例1 キーワード 指導と評価の計画から評価の総括まで
「新たに知った言葉を紹介する ～聞き手を意識して話す～」（第1学年）
　第1学年〔思考力，判断力，表現力等〕の「A話すこと・聞くこと」(1)ア・ウを，言葉を紹介する言語活動を通して指導した授業における評価事例を紹介する。
　本事例では，中学校国語科における指導と評価の基本的な考え方について概説する。

事例2 キーワード 「主体的に学習に取り組む態度」の評価，ICTの活用
「投書を書こう ～多様な読み手を想定して文章全体を整える～」（第3学年）
　第3学年〔思考力，判断力，表現力等〕の「B書くこと」(1)エを，ICTを活用して投書を書く言語活動を通して指導した授業における評価事例を紹介する。
　本事例では，主として「主体的に学習に取り組む態度」の評価方法の一例を示す。

事例3 キーワード グループ活動における個別の評価，テストの工夫
「『走れメロス』を読んで，登場人物の言動の意味を語り合おう」（第2学年）
　第2学年〔思考力，判断力，表現力等〕の「C読むこと」(1)ア・イを，考えたことを語り合う言語活動を通して指導した授業における評価事例を紹介する。
　本事例では，主として，グループ活動における個別の評価方法の一例を示す。

事例4 キーワード 「知識・技能」と「思考・判断・表現」の評価の明確化，学習の振り返りの活用
「清少納言と自分のものの見方や考え方を比べる」（第2学年）
　第2学年〔知識及び技能〕(3)の「伝統的な言語文化」に関する事項と，〔思考力，判断力，表現力等〕の「C読むこと」(1)オを関連付けて指導した授業における評価事例を紹介する。
　本事例では，古典を教材とした指導において，主として「知識・技能」と「思考・判断・表現」を評価する方法の一例を示す。

※　なお，いずれの事例も，授業の一連の流れを示した上で，評価の3観点について，「Bと判断する状況」の例，「Cと判断する状況への手立て」の例を示している。

単元名	内容のまとまり
新たに知った言葉を紹介する 〜聞き手を意識して話す〜 　　　　第1学年　Ａ話すこと・聞くこと	第1学年 〔知識及び技能〕(1)言葉の特徴や使い方に関する事項 〔思考力，判断力，表現力等〕「Ａ話すこと・聞くこと」

《授業例》

1　単元の目標

(1) 事象や行為，心情を表す語句の量を増すとともに，話や文章の中で使うことを通して，語感を磨き語彙を豊かにすることができる。　　　　　　　　　　〔知識及び技能〕(1)ウ

(2) 目的や場面に応じて，日常生活の中から話題を決め，集めた材料を整理し，伝え合う内容を検討することができる。　　　　　　　　　　〔思考力，判断力，表現力等〕Ａ(1)ア

(3) 相手の反応を踏まえながら，自分の考えが分かりやすく伝わるように表現を工夫することができる。　　　　　　　　　　〔思考力，判断力，表現力等〕Ａ(1)ウ

(4) 言葉がもつ価値に気付くとともに，進んで読書をし，我が国の言語文化を大切にして，思いや考えを伝え合おうとする。　　　　　　　　　　「学びに向かう力，人間性等」

2　本単元における言語活動

新たに知った言葉を紹介する。　　　　　　　（関連：〔思考力，判断力，表現力等〕Ａ(2)ア）

3　単元の評価規準

知識・技能	思考・判断・表現	主体的に学習に取り組む態度
①事象や行為，心情を表す語句の量を増すとともに，話や文章の中で使うことを通して，語感を磨き語彙を豊かにしている。((1)ウ)	①「話すこと・聞くこと」において，目的や場面に応じて，日常生活の中から話題を決め，集めた材料を整理し，伝え合う内容を検討している。（Ａ(1)ア） ②「話すこと・聞くこと」において，相手の反応を踏まえながら，自分の考えが分かりやすく伝わるように表現を工夫している。（Ａ(1)ウ）	①粘り強く表現を工夫し，学習の見通しをもって新たに知った言葉を紹介しようとしている。

4　指導と評価の計画（5時間）

時	主たる学習活動	評価する内容	評価方法
1	○　「語彙手帳」（日頃から，新しく知った語彙を	［思考・判断・表現］①	ノート

時	学習活動		評価規準・評価方法等	観察
2 · 3	○ 話し方の工夫について話し合う。 ○ スピーチの構想メモを書く。 ○ スピーチの練習を行う。	[主体的に学習に取り組む態度] ①		ノート
4 · 5	○ スピーチの発表会を行う。 ○ 他の人のスピーチを聞いて新たに知った言葉と用例を「語彙手帳」に書く。	[思考・判断・表現] ② [知識・技能] ①		発表 ノート 語彙手帳

※上部の表の一部（書き留めている手帳）などから, 自分が友達に紹介したい言葉を決める。

【単元の流れ】

時	学習活動	指導上の留意点	評価規準・評価方法等
1	○ 学習のねらいや進め方をつかみ, 学習の見通しをもつ。 ○ 「語彙手帳」(あるいは書籍, 教科書など)から, 新たに知った言葉を紹介するという目的を踏まえて, 候補とする言葉を選んだ理由・意味・用例・出合い・エピソードなどを整理しながら, 友達に紹介する言葉を決める。	・新たに知った言葉を紹介するスピーチを2分程度で行うことを知らせる。各自で学習の進め方を考えることができるように, 教師がスピーチのモデルを示す。 ・言葉を選ぶ際には, 今回のスピーチの目的や場面, 相手などにふさわしい言葉を考えさせる。	[思考・判断・表現] ① ノート ・ここでは, 紹介する言葉を決め, 目的や場面, 相手などを考えて, その言葉に関するエピソードなどの話す材料を整理しながらスピーチの内容を検討しているかを確認する。
2 · 3	○ 話し方の工夫について話し合う。	・特に意識させたい「相手の反応を踏まえながら」表現を工夫するといった内容をスピーチで発揮できるように小学校から学習してきた話し方の工夫について想起させ, 相手の反応を踏まえて話すにはどのようなことに気を付ければよいかを生徒自身に確認させる。	

話合いの中で話題になると予想される話し方の工夫
◎相手の反応を踏まえる (繰り返す, 問いかける, 話題を変える, 説明の仕方や言葉を変える)
・声量や声色　・間の取り方　・表情や身振り　・話の構成
・相手の興味や関心をひく話題の選択　・効果的な表現　　など

	○ 選んだ言葉が相手に分かりやすく伝わるように, どのような話の構成でスピーチをす	・ノートには, 話の構成や要点, 話し方の工夫などを記入させ, 読み上げるための原稿に	

	るかを考え，ノートにメモする。 ○ 話す内容が決まったら別室に移動し，スピーチの練習を行う。	ならないように指導する。 ・別室には，タブレット端末数台と固定スタンドを用意し，生徒が自分のスピーチの様子を撮影し，自分自身でその様子を確認できるようにしておく（別室が用意できない場合は，教室の一角を練習コーナーにする）。	[主体的に学習に取り組む態度] ① 観察・ノート ・ここでは，練習を通して相手に伝わるような表現の工夫を考え，発表会に間に合うように選んだ言葉を紹介しようとしているかを確認する。
	○ 相手の立場に立って確認したり，友達にアドバイスを求めたりしながら，必要に応じてノートの内容を赤字で修正する。	・動画は，自分の確認だけでなく，友達に見せてアドバイスをもらう場合にも有効であることを伝え，効果的に活用させる。	
4 ・ 5	○ スピーチの発表会を行う。	・各グループに，Ａ３程度のホワイトボード等を用意し，話し手が自由に使用できるようにしておく（必要に応じて紹介する言葉を書いたり，友達に書いてもらったりするなど，様々な使い方が考えられる）。	[思考・判断・表現] ② 発表・ノート ・ここでは，実際のスピーチにおいて，相手の反応を踏まえて問いかけたり，発言を繰り返したり，説明の仕方を変えたりしているかを確認する。

> **発表会の流れと注意点**
> ○６人グループで，スピーチを行う。
> ・話し手は，第２時で確認した話し方の工夫，特に「相手の反応を踏まえること」を意識してスピーチするよう心がける。
> ・聞き手は，話し手が聞き手の反応を意識して言葉を変えたり，エピソードを加えたりするなどの工夫している点について，特に注意しながら聞く。
> ○グループ全員のスピーチ終了後に，話し手・聞き手それぞれの立場から話し方の工夫について気付いたことを記入する。
> ○聞き手は，新たに知った言葉とその用例を考えて「語彙手帳」に記入する。

	○ 発表会を振り返り，相手の反応を踏まえながら話すときの工夫を簡条で書き出し，それらがどのように分かりやすさ	・振り返った内容について数人に発表させ，相手意識の重要性について確認させる。 ・以下の点について振り返らせ	[知識・技能] ① 語彙手帳 ・ここでは，スピーチを聞いて新たに知った言葉を「語彙手帳」に書き留め，その言葉を適切な用例とともに記入しているかを確認する。

につながっているか，また，話し手としてどのように分かりやすさにつなげたかなどについてノートにまとめる。	ることも考えられる。 －話し手として，相手の反応を踏まえながら，自分の考えが分かりやすく伝わるように表現を工夫するために試行錯誤したこと。 －本単元で身に付いた力やできるようになったこと。 －本単元で意識したこと。 －今後の学習や生活の中で生かせそうなこと。 －工夫しようとしたが，十分ではなかったこと。　など	

《本授業例における評価の実際》

5　観点別学習状況の評価の進め方

　本事例では，単元の評価規準に示された状況を，「ここでは，〜しているか（〜しようとしているか）を確認する。」という形で表し，生徒のどのような学習の状況（姿）で確認するかを明確にして評価することを試みている。

（1）［知識・技能］の評価

　［知識・技能］①の「事象や行為，心情を表す語句の量を増すとともに，話や文章の中で使うことを通して，語感を磨き語彙を豊かにしている」状況を，「スピーチを聞いて新たに知った言葉を『語彙手帳』に書き留め，その言葉を適切な用例とともに記入している」姿（「おおむね満足できる」状況（B））と捉え，第4時に評価した。

　本単元で使用している「語彙手帳」とは，生徒手帳や筆箱に入るサイズの折本である。新たに知った言葉をいつでも書き留められるようにするため，常に携帯することを基本としている。日常生活において，「語彙手帳」に書かれた言葉を使用したら〇印を付けるようにすることで，語彙を増すだけでなく，使えるようにすることをねらいとしたものである。

　例えば，生徒Xは，友達のスピーチを聞き，「敢行」という言葉を新たに知り，スピーチの

【語彙手帳】

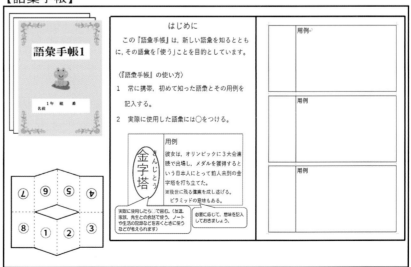

内容から，「周囲の反対を押し切って，世界一周の旅を敢行した。」という用例を「語彙手帳」に書き込んだ。また，これまで否定的な意味で使用していた「潮時」という言葉について本来の意味を知り，「今が，新しいことを始める潮時だ。」という用例を書き込んだ。どちらも適切な用例であるため，「おおむね満足できる」状況（B）と判断した。

　一方，「敢行」の用例を「念のため敢行した。」，「潮時」の用例を「潮時だから仕方ない。」のように記入するなど，用例として適切ではないものを「努力を要する」状況（C）と判断した。このような生徒については，言葉の意味を辞書等で確認させ，どのように用いるとよいのかを具体的な場面を想定して記入できるように指導した。

（2）［思考・判断・表現］の評価

　［思考・判断・表現］①の「『話すこと・聞くこと』において，目的や場面に応じて，日常生活の中から話題を決め，集めた材料を整理し，伝え合う内容を検討している」状況を，「紹介する言葉を決め，目的や場面，相手などを考えて，その言葉に関するエピソードなどの話す材料を整理しながらスピーチの内容を検討している」姿（「おおむね満足できる」状況（B））と捉え，第1時に評価した。

　ここでは，生徒自身が以下の点を踏まえながらスピーチの内容を検討しているかどうかを見た。

　・目的（自分が新たに知った言葉を伝えたい，友達の役に立ちそうな言葉を知らせたい，言葉を共有したいなど）

　・場面（6人グループの中で2分程度のスピーチをする）

　・相手（グループ内の聞き手の特徴）

　例えば，生徒Yは，四字熟語がかっこいいからという理由で「日進月歩」を紹介しようとしていた。しかし，「皆にとって新しい言葉だろうか」，「かっこいい言葉より役に立つ言葉を知らせるほうがスピーチの目的に合っているのではないか」と目的や相手を考え，「中学生という節目にふさわしい言葉である」という理由から「登竜門」という言葉に変更した。

【生徒Yのノートの記述】から，「登竜門」という言葉に関する自分のエピソードを書き出し，その言葉の意味を改めて確認し，友達に伝える内容を考えているため，「おおむね満足できる」状況（B）と判断した。さらに，「登竜門」という言葉について調べることを通して，「立身出世」という新たな言葉に気が付き，その意味を記述している。その状況を「興味の広がり」（後述する【評価メモ】にある「Aと

【生徒Yのノートの記述】

◇日進用歩
・四字熟語がかっこいい。
↓みんな知っていそう。　役に立つ言葉か。

○登竜門
・中学生という節目にふさわしい。
・くじけそうな時に出合った言葉なので知らせる価値あり。
・部活動の先生「ここが登竜門だ」
・登竜門の意味…立身出世のための関門。
・「竜門」は中国の黄河中流の急流で，これを登った鯉は竜になるという言い伝えがある。
・中学校生活も人生の登竜門。初めてのテストも登竜門。
・難しい言葉を使うのが中学校生活への登竜門。

・立身出世も新たな言葉？…高い地位について有名になること。

- 46 -

判断するポイントの例」参照）と捉え，「十分満足できる」状況（A）と評価した。

　紹介したい言葉を羅列しているだけの場合は，「努力を要する」状況（C）と判断した。このような場合には，その言葉とどのようにして出合ったか，なぜその言葉を紹介したいと思ったのか，紹介したい言葉の意味や成り立ちなどをノートに書き出させ，スピーチで伝えたいことについて考えさせた。

　［思考・判断・表現］②の「『話すこと・聞くこと』において，相手の反応を踏まえながら，自分の考えが分かりやすく伝わるように表現を工夫している」状況を，「実際のスピーチにおいて，相手の反応を踏まえて問いかけたり，発言を繰り返したり，説明の仕方を変えたりしている」姿（「おおむね満足できる」状況（B））と捉え，第4時に評価した。その際，音声表現の評価を効率的に行えるように，右図のように座席の配置を工夫した。また，難しい漢字が使用されていたり

【評価の効率化のための座席の工夫例】

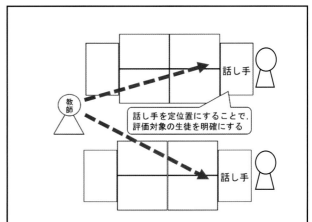

話し手を定位置にすることで，評価対象の生徒を明確にする

聞き慣れない熟語であったりする言葉を選んだときに，ホワイトボードを補助的に使っていることも表現の工夫として捉えた。

　さらに，ノートに表現の工夫等を記入させる際に，以下の指示を行うことで，教師が効率的に評価できるよう工夫した。

・意図的に表現の工夫をしようと考えている部分について※印を付けて記入すること
・練習での相手の反応やアドバイスによって変更した部分は赤ペンで書き込むこと（【生徒Ｚのノートの記述】ではゴシック部分が該当）

【生徒Ｚのノートの記述】

○拝読という言葉、知っていますか。
※聞き手を引き付けるため、問いかけから入る。
○先日、父が電話口で「ハイドクしました」と話していた。
※もっと友達に関心をもってもらいたい。

　例えば，生徒Ｚの実際のスピーチでは，聞き手の「拝読とはどう書くのか」というつぶやきに気が付き，ホワイトボードに「拝読」と書いて説明するなど相手の反応を踏まえて話している状況が観察できた。【生徒Ｚのノートの記述】を確認すると，当初は「拝読という言葉，知っていますか」という始まりだったが，練習を通して単なる問いかけより実際の体験から話を始める方がもっと友達に関心をもってもらえるという判断から変更し，相手の興味を誘うような導入の工夫を行ったことが分かる。これらのことから「おおむね満足できる」状況（B）と評価した。

　「努力を要する」状況（C）と判断した例としては，例えば，故事成語を紹介するためにホワイトボードに絵を書いて説明したが，終始絵を見ながら話してしまい相手の反応を確認できない場合等である。このような場合には，タブレット端末等で録画して自分のスピーチを確かめるように指導し，次回のスピーチや発表時に注意する点を確認させた。

（3）［主体的に学習に取り組む態度］の評価

［主体的に学習に取り組む態度］①の「粘り強く表現を工夫し，学習の見通しをもって新たに知った言葉を紹介しようとしている」状況を，「練習を通して相手に伝わるような表現の工夫を考え，発表会に間に合うように選んだ言葉を紹介しようとしている」姿（「おおむね満足できる」状況（B））と捉え，第3時に評価した。例えば，スピーチ練習を繰り返して表現の工夫を考えたり修正を加えたりしている姿から主として粘り強さを，その中で，表現の修正を行いながら発表会に間に合うようにスピーチを整えようとしている姿から主として自らの学習の調整を確認した。

なお，言語活動を評価するのではないことに留意する必要がある。

6　観点別学習状況の評価の総括

本単元では，以下のような【評価メモ】を作成し，生徒の学習の状況を整理した。「おおむね満足できる」状況（B）と判断する状況の例（姿）と，「十分満足できる」状況（A）と判断するポイントの例を示した点に特徴がある。各評価の観点において，「Bと判断する状況」を満たした上で，「Aと判断するポイントの例」のいずれかを満たしていれば「十分満足できる」状況（A）とした。

［思考・判断・表現］については，単元における観点別学習状況の総括を行っている。例えば，生徒Yについては，本単元で重点的に指導し評価する内容（次ページの◎印が該当する）を踏まえ，［思考・判断・表現］の「単元における評価」は「おおむね満足できる」状況（B）と総括した。

【評価メモ】

観点	［知識・技能］		［思考・判断・表現］				［主体的に学習に取り組む態度］	
Bと判断する状況の例	①スピーチを聞いて新たに知った言葉を「語彙手帳」に書き留め，その言葉を適切な用例とともに記入しているか	単元における評価	①紹介する言葉を決め，目的や場面，相手などを考えて，その言葉に関するエピソードなどの話す材料を整理しながらスピーチの内容を検討しているか	②実際のスピーチにおいて，相手の反応を踏まえて問いかけたり，発言を繰り返したり，説明の仕方を変えたりしているか	単元における評価		①練習を通して相手に伝わるような表現の工夫を考え，発表会に間に合うように選んだ言葉を紹介しようとしているか	単元における評価
評価の材料	・語彙手帳		・ノート	・発表 ・ノート			・観察 ・ノート	
Aと判断するポイントの例	・速やかさ　・丁寧さ		・集団への寄与	・興味の広がり			・応用・活用の意識　など	
生徒X	B	B	A	A	A		A	A
生徒Y	A	A	A	B	B		B	B

7　年間指導計画に基づいた評価の系統化・重点化

国語科においては，一つの指導事項を年間で複数回繰り返し取り上げて指導することが多い。それは国語科の指導内容が螺旋的・反復的に繰り返しながら資質・能力の定着を図ることを基本としているからである。そのため，年間を見通して当該単元の目標や単元の評価規準を設定することが重要になる。

以下に，第1学年の〔思考力，判断力，表現力等〕「A話すこと・聞くこと」の年間指導計画表の例を示した。この表では，縦軸に指導事項及び言語活動例を示し，横軸に単元名を示している。

指導事項の〇印は，当該単元で指導し評価する内容を表し，◎印は，特に重点的に指導し評価する内容を表している。また，●印は，その単元で取り上げる言語活動例を示している。

なお，〔知識及び技能〕については，他の領域の指導でも取り上げている。そのため，全体を一覧することができる年間指導計画表の作成が必要である。

「年間指導計画表」の例
（第1学年〔思考力，判断力，表現力等〕「Ａ話すこと・聞くこと」の一部を抜粋）

第1学年			No	1	2	3	4
			単元名	□□□□□□□□	新たに知った言葉を紹介する～聞き手を意識して話す～	□□□□□□	□□□□□□
			指導事項・言語活動例 指導時数	4	5	4	5
〔知識及び技能〕	(1)	ア	音声の働きや仕組みについて，理解を深めること。	◎			
		イ	小学校学習指導要領第2章第1節国語の学年別漢字配当表に示されている漢字に加え，その他の常用漢字のうち300字程度から400字程度までの漢字を読むこと。また，学年別漢字配当表の漢字のうち900字程度の漢字を書き，文や文章の中で使うこと。				○
		ウ	事象や行為，心情を表す語句の量を増すとともに，語句の辞書的な意味と文脈上の意味との関係に注意して話や文章の中で使うことを通して，語感を磨き語彙を豊かにすること。		◎		
		エ	単語の類別について理解するとともに，指示する語句と接続する語句の役割について理解を深めること。	○			
		オ	比喩，反復，倒置，体言止めなどの表現の技法を理解し使うこと。			○	
	(2)	ア	原因と結果，意見と根拠など情報と情報との関係について理解すること。			○	
		イ	比較や分類，関係付けなどの情報の整理の仕方，引用の仕方や出典の示し方について理解を深め，それらを使うこと。				○
	(3)	ア	音読に必要な文語のきまりや訓読の仕方を知り，古文や漢文を音読し，古典特有のリズムを通して，古典の世界に親しむこと。				
		イ	古典には様々な種類の作品があることを知ること。				
		ウ	共通語と方言の果たす役割について理解すること。				
		エ	書写に関する次の事項を理解し使うこと。 (ｱ) 字形を整え，文字の大きさ，配列などについて理解して，楷書で書くこと。 (ｲ) 漢字の行書の基礎的な書き方を理解して，身近な文字を行書で書くこと。				
		オ	読書が，知識や情報を得たり，自分の考えを広げたりすることに役立つことを理解すること。				
〔思考力、判断力、表現力等〕	(1)	ア	目的や場面に応じて，日常生活の中から話題を決め，集めた材料を整理し，伝え合う内容を検討すること。		○		○
		イ	自分の考えや根拠が明確になるように，話の中心的な部分と付加的な部分，事実と意見との関係などに注意して，話の構成を考えること。	○		◎	○
		ウ	相手の反応を踏まえながら，自分の考えが分かりやすく伝わるように表現を工夫すること。		◎	○	
		エ	必要に応じて記録したり質問したりしながら話の内容を捉え，共通点や相違点などを踏まえて，自分の考えをまとめること。	◎			
		オ	話題や展開を捉えながら話し合い，互いの発言を結び付けて考えをまとめること。			○	◎
	(2)	ア	紹介や報告など伝えたいことを話したり，それらを聞いて質問したり意見などを述べたりする活動。		●		●
		イ	互いの考えを伝えるなどして，少人数で話し合う活動。	●			
			（上記以外の言語活動）			●	

第3編
事例1

- 49 -

国語科　　事例2

キーワード　「主体的に学習に取り組む態度」の評価，ICT の活用

単元名	内容のまとまり
投書を書こう 〜多様な読み手を想定して文章全体を整える〜 第3学年　B書くこと	第3学年 〔知識及び技能〕(2)情報の扱い方に関する事項 〔思考力，判断力，表現力等〕「B書くこと」

《授業例》

1　単元の目標

(1) 具体と抽象など情報と情報との関係について理解を深めることができる。

〔知識及び技能〕(2)ア

(2) 目的や意図に応じた表現になっているかなどを確かめて，文章全体を整えることができる。

〔思考力，判断力，表現力等〕B(1)エ

(3) 言葉がもつ価値を認識するとともに，読書を通して自己を向上させ，我が国の言語文化に関わり，思いや考えを伝え合おうとする。　　　　　　　　　　　　　「学びに向かう力，人間性等」

2　本単元における言語活動

関心のある事柄について，投書を書く。(関連：〔思考力，判断力，表現力等〕B(2)ア)

3　単元の評価規準

知識・技能	思考・判断・表現	主体的に学習に取り組む態度
①具体と抽象など情報と情報との関係について理解を深めている。((2)ア)	①「書くこと」において，目的や意図に応じた表現になっているかなどを確かめて，文章全体を整えている。(B(1)エ)	①進んで文章全体を整え，今までの学習を生かして自分の考えを投書に書こうとしている。

4　指導と評価の計画（4時間）

時	主たる学習活動	評価する内容	評価方法
1	○ 関心のある事柄から新聞に投書する題材を決め，自分の意見と根拠をワークシートに書いて整理する。	［知識・技能］①	ワークシート
2	○ 投書の下書きをワープロソフトで入力する。 ○ グループで下書きを読み合い，分かりにくい部分等について確認し合う。		
3	○ 投書にふさわしい表現について考える。 ○ 読み手の立場に立って自分の下書きを読み，目的や意図に応じた表現になっているかを確かめる。	［主体的に学習に取り組む態度］①	下書き原稿

| 4 | ○ 前時に考えたことを基に，ワープロソフトの校閲機能を用いて推敲する。
○ 推敲した文章を教師に提出し，希望者は清書したデータを投稿する。 | ［思考・判断・表現］① | 推敲した文章 |

【単元の流れ】

時	学習活動	指導上の留意点	評価規準・評価方法等
1	○ 学習のねらいや進め方をつかみ，学習の見通しをもつ。 ○ 関心のある事柄から新聞の投書で伝えたい題材を決める。 ○ 伝えたい自分の意見と根拠，根拠に関連する具体的な出来事や事実をワークシートに書き，整理する。	・実際の投書をいくつか示し，学習の見通しをもたせる。 ・実際の投書を参考にさせ，伝えたい内容を考えさせる。 ・既習の「情報と情報との関係」について想起させ，意見と根拠，根拠に関連する具体的な出来事や事実を整理させる。	［知識・技能］① ワークシート ・根拠に関連する具体的な出来事や事実
2	○ これまでの「書くこと」の学習を想起し，投書の下書きをワープロソフトで入力する。 ○ グループで互いの下書きを読み合い，分かりにくい部分等について確認し合う。	・この段階では，目的や意図に応じた表現にこだわらずに，下書きを完成させることを目標とする。 ・学校のICT環境に応じて，タブレット端末を交換させたり，座席を移動させたりするなどして，他の生徒が書いた下書きを読ませ，読みにくいと感じたり分かりにくいと思ったりした部分に〰〰〰線を引いてコメントを入力させる。	本時は，B(1)ウに基づいて学習状況を捉え指導を行うが，単元の目標としていないことから，本単元の評価には含めない。
3	○ 教師が用意した投書を読み，投書にふさわしい表現について考える。 ○ 投書にふさわしい表現について考えたことを伝え合う。 ○ 読み手の立場に立って自分の下書きを読んで，投書を書くという目的に応じた表現になっているかを確かめ，気が付いたことをワープロソフト	・第3学年の「書くこと」で学習してきた文章の構成や表現の仕方などに着目させ，投書を書く目的や意図に応じた表現とはどのようなものかを考えさせる。 ・2〜3人で共有した後，学級全体で共有する。 ・投書にふさわしい文章の構成や表現の仕方について共有したことを踏まえ，前時の〰〰〰線の部分を中心に，自分の下書きの表現を確かめさせる。	［主体的に学習に取り組む態度］① 下書き原稿 ・多様な読み手に自分の考えが分かりやすく伝わる表現の検討

第3編
事例2

	のコメント機能を用いて入力する。	・確かめて気が付いたことを基に，文章全体をどのように整えたいかを「〜が分からない（伝わってこない）。だから〜したい（する）。」等のように入力させる。	
4	○ 前時に考えたことを基に，ワープロソフトの校閲機能を用いて，自分の下書きを推敲する。 ○ 推敲した文章を教師に提出する。希望者は清書し終わったデータを投稿する。 ○ 単元の学習を振り返る。	・校閲機能を用いて，修正の跡を残しながら書かせる。 ・コメントや校閲機能による修正の跡が残っているデータを印刷して教師に提出させる。 ・提出後，希望者は，修正の跡を消して清書したデータを，新聞社のウェブサイト等から投稿してもよいこととする。 ・目的や意図に応じた表現に整えるために，どのように試行錯誤したのかを振り返らせ，本単元で学んだことを，今後の学習でどのように生かしたいかを考えさせる。	[思考・判断・表現] ① 推敲した文章 ・多様な読み手に自分の考えが分かりやすく伝わる表現

《本授業例における評価の実際》

5　観点別学習状況の評価の進め方

　本事例では，単元の評価規準を踏まえて設定したキーワードにより評価することを試みている。

（1）［主体的に学習に取り組む態度］の評価

　本単元では，目的や意図に応じた表現になっているかを確かめて，文章全体を整える力を身に付けさせることに重点を置いているので，文章全体を俯瞰し，多様な読み手に対して自分の考えが分かりやすく伝わる表現に文章を整えようとする過程で，特に粘り強さを発揮させたいと考えた。また，文章の構成や表現の仕方等について今まで学習したことを生かして自分の考えを投書に書く活動の中で，自らの学習の進め方を調整できるようにしたいと考えた。

　そこで，主体的に学習に取り組む態度の評価規準を「進んで文章全体を整え，今までの学習を生かして自分の考えを投書に書こうとしている。」と設定し，「おおむね満足できる」状況（B）の例を，以下の【キーワード】によって具体的に想定した。

【キーワード】多様な読み手に自分の考えが分かりやすく伝わる表現の検討

　実際に評価する場面では，表現を整えられたかどうかを見取るのではなく，自分の下書きを読み直

して試行錯誤しながら表現を整えようとしているかどうかを見取り，必要に応じて生徒への指導を行って学習の改善を促したいと考えた。そこで，第3時に下書きの文章の構成や表現の仕方を確かめる際に，生徒がワープロソフトのコメント機能を用いている様子や書いている内容を【キーワード】により評価し，必要に応じて指導を行った。その後，下書き原稿を印刷して提出させ，それを【キーワード】によって評価した。

　次の【生徒Pがコメントを書き込んだ下書きの例】では，コメント［P1］で，投書の読み手は様々な立場にあったり多様な考えをもっていたりすることを想定し，書き出しでは自分の考えを示すのではなく，具体的な体験を述べることで自分の考えが分かりやすく伝わる表現にしようとしている。また，コメント［P2］，「P3」は他の生徒からの指摘である。それらを踏まえて，コメント［P4］では，資料を適切に引用することで読み手に対する説得力を高めようとしている。これらのことから，【キーワード】に該当すると判断した。

【生徒Pがコメントを書き込んだ下書きの例】

テレビで、自動車の危険な運転のニュースが連日のように流れている。それは、心のゆとりのなさによって起きてしまうのではないだろうか。	コメント【P1】：いきなり自分の考えが書いてあるので、この考えに賛成しない人は、読むのをやめてしまうかもしれない。最初は自分が経験した出来事から書き始め、物語のように話を進めることで、分かりやすく自分の考えを伝えられるようにしたい。
先日、いつも通る信号のない横断歩道に近づくと、車がこちらに向かって走ってきた。私は、車が通り過ぎるのを待とうと思い、立ち止まった。すると、その車はゆっくりと止まってくれたのだ。私が会釈をして渡ろうとすると、車を運転していた人は笑顔を返してくれた。	コメント【P2】：誰の言葉？（山田）
一生道を譲り続けても合計は百歩にもならないという言葉を教えてもらったことがある。私は、笑顔で道を譲ってもらったとき、心	コメント【P3】：誰から？（佐藤） コメント【P4】：誰から教えてもらったのかが分からないので、学校の先生から教えてもらったと書く。 先生に確認して、正確に紹介することで説得力を高めたい。
が温まった。ちょっとした譲り合いが、私たちの心を温めてくれる。譲り合う気持ちを大切にしてみませんか。	

　なお，【キーワード】に該当すると判断したもののうち，多様な読み手に自分の考えが分かりやすく伝わる表現について，特に丁寧に検討しようとしているものを，「十分満足できる」状況（A）とした。

　一方，次の【生徒Qがコメントを書き込んだ下書きの例①】は，推敲する際に教師に助言を求めてきた生徒の例である。生徒Qは，マナーを守る人が増えていけば，みんなが気持ちよく過ごせる世の中になっていくはずだと考えていた。しかし，下書きに入力したコメントは，自分の考えを多様な読み手に分かりやすく伝える表現を検討するものとはなっていなかった。そこで，生徒Qに対して，「あなたの決意を書くように修正しようとしているけれど，あなたは，新聞の投書で自分の個人的な決意を伝えたいのですか。それとも，何か世の中の人に行動してほしいことがあって，この投書を書こうと思ったのですか。あなたの目的に応じた修正の仕方になっているかどうかを見直してみましょう。」と助言した。

【生徒Qがコメントを書き込んだ下書きの例①】

> 挨拶や食事に限らず、様々な場面でマナーについて考えさせられる。マナーの良しあしは何によって決められるのか。まずは、図書館や電車、バスといった公共の場所で考えてみる。これらの場所では、大きな声で話していたり、物音を立てたりしている人はあまり見かけない。それは、多くの人がいるのもあるけれど、自分一人が利用しているわけではないと考えているからではないだろうか。
>
> そして、人との会話も、マナーの一つなのだと思う。人の話を聞くときには相手の目を見るし、ほかのことをやりながら聞かれると、気分がよくなりはしない。
>
> つまり、マナーとは、だれかと関わる上で、お互いに気分良く過ごせるためのものなのだと考える。

コメント【Q1】：読み手は、「だから何なのか？」と思うかもしれない。「これからも日常生活でマナーを守って過ごしていきたい。」というように自分の決意でしめくくることで、読者に自分の思いを伝えたい。

その結果，次の【生徒Qがコメントを書き込んだ下書きの例②】のように改善された。【生徒Qがコメントを書き込んだ下書きの例②】では，コメント［Q1］で，読み手が文章の冒頭から共感しながら読むことができるように，文章の構成を修正しようとしている。また，コメント［Q2］で，自分の考えが読み手に分かりやすく伝わるように，結びの一文を修正しようとしている。これらのことから，【キーワード】に該当すると判断し，「おおむね満足できる」状況（B）とした。

【生徒Qがコメントを書き込んだ下書きの例②】

> 挨拶や食事に限らず、様々な場面でマナーについて考えさせられる。マナーの良しあしは何によって決められるのか。まずは、図書館や電車、バスといった公共の場所で考えてみる。これらの場所では、大きな声で話していたり、物音を立てたりしている人はあまり見かけない。それは、多くの人がいるのもあるけれど、自分一人が利用しているわけではないと考えているからではないだろうか。
>
> そして、人との会話も、マナーの一つなのだと思う。人の話を聞くときには相手の目を見るし、ほかのことをやりながら聞かれると、気分がよくなりはしない。
>
> つまり、マナーとは、だれかと関わる上で、お互いに気分良く過ごせるためのものなのだと考える。

コメント【Q1】：「マナーがよくない」と思った出来事（電車の中で騒いでいた人たちのこと）から書き始め、投書の読者にも「そういうことってある」と共感してもらう。その後、いつも私の目を見ながら話を聞いてくれるZさんのことを書き、読み手にマナーとは何かを考えてもらいたい。

コメント【Q2】：相手のことを考えて行動することができれば、相手も自分も気分がよくなる。そんな世の中にしていきませんかと呼びかける。

（2）［知識・技能］の評価

　『中学校学習指導要領(平成29年告示)解説国語編』107ページには，「具体と抽象の関係について理解を深めるとは，具体と抽象という概念を理解するとともに，具体的な事例を抽象化してまとめたり，抽象的な概念について具体的な事例で説明したりすることができるようにすることである。」と示されている。このことを踏まえ，今回の単元では，既習である具体と抽象など情報と情報との関係について理解したことを活用して，自分の意見の根拠について具体的な事例で説明できるようにしたいと考えた。

　そこで，具体と抽象など情報と情報との関係について理解を深めているかどうかを評価するため

に，「おおむね満足できる」状況（B）の例を，以下の【キーワード】によって具体的に想定した。

【キーワード】根拠に関連する具体的な出来事や事実

第1時で実際に評価する場面では，生徒が意見と根拠をワークシートに整理する際に，ワークシートに書かれた記述を【キーワード】により評価し，必要に応じて指導を行った。その後，提出させたワークシートの記述を【キーワード】によって評価した。

次の【生徒Pが記入したワークシートの例】では，根拠の「譲り合いは、人の心を温かくする。」に関連する具体的な出来事として「笑顔で道を譲ってもらったとき、心が温まった」体験とその時の具体的な状況を記入していることから，【キーワード】に該当すると判断した。

生徒Pに対して，「今，あなたが考えている事例は根拠に関連していてよく書けていますが，一事例だけではなく，他の事例も考えられませんか。」と助言した。

その結果，ﾞ‾‾‾ﾞの部分のように，自分が体験した出来事とは対照的な出来事として「自動車の危険な運転のニュース」を付け加えた。このことにより，【キーワード】に加え，複数の具体的な出来事や事実を関連付けて説明していると判断し，「十分満足できる」状況（A）とした。

【生徒Pが記入したワークシートの例】

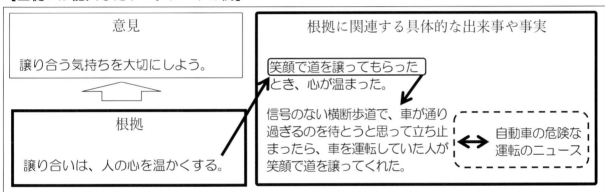

一方，次の【生徒Rが記入したワークシートの例】では，根拠として記述している「悪影響を及ぼす」という抽象的な内容に関連する具体的な出来事や事実が示されていない。そのため，【キーワード】には該当せず，生徒Rは「努力を要する」状況（C）にあると判断した。

【生徒Rが記入したワークシートの例】

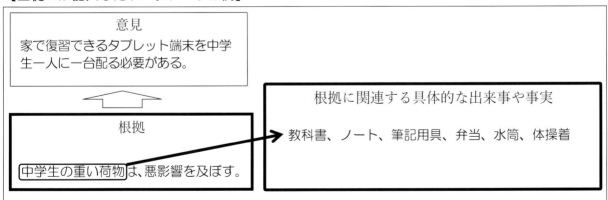

そこで，生徒Rに対して，「重い荷物ではなく，その荷物による悪影響として，具体的にどのようなことがありますか。実際にあった出来事や事実を書きましょう。」と助言した。このように，自分の意見の根拠について，具体化すべき箇所をつかめず，関連する具体的な出来事や事実を示して説明するこ

とが不十分な場合には，具体化すべき箇所を指摘するとともに，その内容と関連してどのような出来事や事実があるのかを想起させ，生徒が具体と抽象の関係について理解を深められるようにした。

（3）［思考・判断・表現］の評価

本単元では，第3学年の「書くこと」で学習してきた文章の構成や表現の仕方を基に，目的や意図に応じた表現になっているかを確かめて，文章全体を整える力を身に付けさせたいと考えた。

そこで，不特定多数の読者に自分の考えを伝えるという「投書」の性質を踏まえ，多様な読み手に対して自分の考えが分かりやすく伝わる表現になっているかを確かめて，文章全体を整えているかどうかを評価するために，「おおむね満足できる」状況（B）の例を，以下の【キーワード】によって具体的に想定した。

> 【キーワード】多様な読み手に自分の考えが分かりやすく伝わる表現

第4時で実際に評価する場面では，生徒がワープロソフトの校閲機能を用いて推敲している記述を【キーワード】により評価し，必要に応じて指導を行った。その後，推敲が終わった文章を印刷して提出させ，それを【キーワード】によって評価した。

次の【生徒Pが推敲した文章の例】では，書き出しを下線部①のように書き改めている。このことにより，読み手が「うれしいことというのは一体何だろうか。」と文章の内容に興味をもちながら読み進めることができるようになっている。そして，道を譲ってもらったエピソードの後に，それとは対照的な自動車の危険な運転の話題へと転換することで，自分の考えが読み手に分かりやすく伝わる文章の構成となっている。また，下線部②では，中国の古典の言葉を正確に引用することで，説得力を高めている。これらのことから，【キーワード】に該当すると判断した。

【生徒Pが推敲した文章の例】

~~テレビで、自動車の危険な運転のニュースが連日のように流れている。それは、心のゆとりのなさによって起きてしまうのではないだろうか。~~

①先日、下校時にうれしいことがあった。いつも通る信号のない横断歩道に近づくと、車がこちらに向かって走ってきた。私は、車が通り過ぎるのを待とうと思い、立ち止まった。すると、その車はゆっくりと止まってくれたのだ。私が会釈をして渡ろうとすると、車を運転していた人は笑顔を返してくれた。

テレビで、自動車の危険な運転のニュースが連日のように流れている。それは、心のゆとりのなさによって起きてしまうのではないだろうか。「一生道を譲り続けたとしても、そのても合計は百歩にも満たない。」②ならないという中国の古典の言葉を学校の先生から教えてもらったことがある。③ちょっと道を譲ったとしても大きな損はないと思えば、心にゆとりが生まれるはずだ。

私は、笑顔で道を譲ってもらったとき、心が温まった。ちょっとした譲り合いが、私たちの心を温めてくれる。譲り合う気持ちを大切にしてみませんか。

コメント【P1】：いきなり自分の考えが書いてあるので、この考えに賛成しない人は、読むのをやめてしまうかもしれない。最初は自分が体験した出来事から書き始め、物語のように話を進めることで、分かりやすく自分の考えを伝えられるようにしたい。

コメント【P2】：誰の言葉？（山田）

コメント【P3】：誰から？（佐藤）

コメント【P4】：誰から教えてもらったのかが分からないので、学校の先生から教えてもらったと書く。
先生に確認して、正確に紹介することで説得力を高めたい。

　なお，下線部③は，第4時で推敲する際に，新たに修正されたものである。この一文を加えるとともに，次の文から段落を変えたことにより，ニュースの話題と中国の古典の言葉との関連が明確になっている。このことから，【キーワード】に加え，多様な読み手に対して特に分かりやすく自分の考えが伝わる表現に整えていると判断し，「十分満足できる」状況（A）とした。

　一方，次の【生徒Sがコメントを書き込んだ下書きの例】では，前時に記入したコメント［S1］を踏まえ，百人一首がいつ生まれ，どのように伝わってきたかについて調べたこと等を基に加筆したのだが，この部分が全体の半分近くを占めるようになってしまった。そのため，読み手にとっては何を伝えたいのかが分かりにくい文章になっている。これらのことから，【キーワード】に該当しておらず，生徒Sは「努力を要する」状況（C）にあると判断した。

【生徒Sがコメントを書き込んだ下書きの例】

　新聞で「世界王者　取った！」という競技かるた世界大会の記事を読み、うれしくなりました。私は、百人一首が好きで、小学生の頃は友達と競技かるたを題材としたマンガのまねをして遊んでいました。まだ百首覚えきれていないけれど、全部覚えて世界中のいろいろな人と勝負したいと思っています。

　百人一首が*は一般に「小倉百人一首」として知られていますが、鎌倉時代に藤原定家がまとめたもので、戦国時代になると、百人一首が「かるた」として遊び始められますが、はじめは宮中とか諸大名の大奥などで行われ、それが年間行事となったようです。江戸時代に入り、木版画の技術の発展などによって、庶民の中に徐々に広まっていき、現代にも、子供から大人までだれでも楽しむことができる遊びとして受け継がれています。海外の人たちにも伝わり、世界大会が行われたというのはとても素晴らしいことだと思います。
これからも、世界に広まっていってほしいです。

> コメント【S1】：日本で古くから楽しまれてきた伝統文化が海外の人にも楽しんでもらえているから、とても素晴らしいという私の考えが読み手に伝えられていない。百人一首がいつ生まれ、どのように伝わってきたかを説明したい。

　そこで，生徒Sに対して「百人一首の歴史を加えたことで，百人一首の歴史や伝統がよく分かるようになりました。でも，あなたが伝えたかったのは，百人一首の歴史ですか。それとも，百人一首が海外の人に伝わっていることの素晴らしさですか。自分の考えを読み手に分かりやすく伝えるために，文章全体の情報量のバランスを工夫してみましょう。」と助言した。

　その結果，第2段落が「小倉百人一首は、鎌倉時代初期に生まれ、昔の人たちの知恵で、かるたとして遊べるように工夫され、現代まで伝えられてきたものです。この日本の伝統的な文化が、海外の人たちにも伝わり、世界大会が行われたというのはとても素晴らしいことだと思います。これからも、世界に広まっていってほしいです。」と修正された。このことにより，日本の伝統的な文化が海外の人たちに伝わることの素晴らしさを伝えたいという生徒Sの考えが，読み手に分かりやすく伝わるようになったため，【キーワード】に該当すると判断し，「おおむね満足できる」状況（B）とした。

```
┌─────────────────────────────────────────────────────────────┐
│ 国語科　　事例3                                                │
│ キーワード　グループ活動における個別の評価，テストの工夫          │
└─────────────────────────────────────────────────────────────┘
```

┌──────────────────────────────┐　┌──────────────────────────────┐
│ 単元名　　　　　　　　　　　　 │　│ 内容のまとまり　　　　　　　　 │
│ 　「走れメロス」を読んで，登場人物の言動の意味 │　│ 第2学年　　　　　　　　　　　 │
│ を語り合おう　　　　　　　　　 │　│ 〔知識及び技能〕(2)情報の扱い方に関する事項 │
│ 　　　　　　　　第2学年　C読むこと │　│ 〔思考力，判断力，表現力等〕「C読むこと」 │
└──────────────────────────────┘　└──────────────────────────────┘

《授業例》

1　単元の目標

(1) 情報と情報との関係の様々な表し方を理解し使うことができる。　　　〔知識及び技能〕(2)イ

(2) 文章全体と部分との関係に注意しながら，登場人物の設定の仕方などを捉えることができる。

〔思考力，判断力，表現力等〕C(1)ア

(3) 登場人物の言動の意味などについて考えて，内容を解釈することができる。

〔思考力，判断力，表現力等〕C(1)イ

(4) 言葉がもつ価値を認識するとともに，読書を生活に役立て，我が国の言語文化を大切にして，
思いや考えを伝え合おうとする。　　　　　　　　　　　　　　　　「学びに向かう力，人間性等」

2　本単元における言語活動

「走れメロス」を読み，登場人物の言動の意味について考えたことを語り合う。

(関連：〔思考力，判断力，表現力等〕C(2)イ)

3　単元の評価規準

知識・技能	思考・判断・表現	主体的に学習に取り組む態度
①情報と情報との関係の様々な表し方を理解し使っている。((2)イ)	①「読むこと」において，文章全体と部分との関係に注意しながら，登場人物の設定の仕方などを捉えている。(C(1)ア) ②「読むこと」において，登場人物の言動の意味などについて考えて，内容を解釈している。(C(1)イ)	①積極的に登場人物の言動の意味などについて考え，学習課題に沿って考えたことを語り合おうとしている。

4　指導と評価の計画（5時間）

時	主たる学習活動	評価する内容	評価方法
1 ・ 2	○　「走れメロス」を通読し，話の展開や内容の大体をつかむ。 ○　3人グループになり，各自が担当する登場人物を決め，人物の設定の仕方や，言動とその意味	［思考・判断・表現］①	ワークシート

第3編
事例3

	について考えたことをワークシートにまとめる。		
3	○ グループで，各自がまとめたワークシートを模造紙に貼り，記号等を用いて登場人物同士の言動の関係について整理する。	［知識・技能］①	模造紙
4	○ 前時で整理した関係の中から更に考えたいものを各自一つ選び，その関係が話の展開などにどのように関わっているかについて考え，語り合う。	［主体的に学習に取り組む態度］①	観察
5	○ 前時で語り合った登場人物同士の言動の関係と話の展開との関わりについて，考えたことをノートに文章でまとめる。 ○ 「走れメロス」を読み直し，単元で学習したことについて確認する。	［思考・判断・表現］②	ノート

【単元の流れ】

時	学習活動	指導上の留意点	評価規準・評価方法等
1 ・ 2	○ 学習のねらいや進め方をつかみ，学習の見通しをもつ。 ○ 「走れメロス」を通読し，話の展開や内容の大体をつかむ。 ○ 3人グループになり，メロス，セリヌンティウス，ディオニスの中から各自が担当する登場人物を決める。 ○ 担当する登場人物の言動に着目して文章を読み直し，登場人物の設定の仕方について考え，ワークシートにまとめる。 ○ 登場人物の言動を書き出し，そこから考えた言動の意味をワークシートに記入する。 【資料】参照	・学習活動のイメージをもたせるために，「少年の日の思い出」を用いて，教師がワークシートに記入するモデルを示す。 ・登場人物の設定の仕方についてまとめる際には，この物語にとって重要と考えられる登場人物の性格や言動の特徴，他の登場人物との関係について，文章全体を踏まえて捉えることを確認する。 ・ワークシートの矢印内に各自で場面を入れさせ，話の展開を確認しながら言動を抜き出すよう指導する。	［思考・判断・表現］① ワークシート ・ここでは，文章全体を踏まえて，担当する登場人物の「人物像」と「他の人物との関係」について正確に捉えているかを確認する。 ＊本評価は，Aと判断する状況については，単元終了後のテストで判断する。(【テスト例1】参照)
3	○ 登場人物ごとに作成した3枚のワークシートを模造紙に貼付する。		

	○ 様々な関係の表し方について理解する。	・様々な関係を表すために,記号等を用いたり,丸や四角などで囲んだりすることを理解させる。	
	○ 3人の登場人物の言動がどのように関係しているのかについて,言動の意味を踏まえながら模造紙に整理する。 【3枚のワークシートを貼付した模造紙への書き込み】参照	・各自に異なる色のペンを使用させ,誰がどの関係について記したのかが分かるようにする。	[知識・技能] ① 模造紙 ・ここでは,登場人物同士の言動の関係を,記号等を用いて表しているかを確認する。
4	○ 前時で整理した3人の登場人物の言動の関係の中から,話の展開にどのように関わっているかについて更に考えたいものを一つ選ぶ。 ○ 選んだ関係と話の展開との関わりについて考えたことをノートに書く。 ○ 同じ関係を選んだ者や他の関係を選んだ者と語り合い,考えたことをノートにメモする。	・第3時に模造紙に記入した内容の中から選ばせる。 ・ワークシートや模造紙に記した内容など,第1時から第3時までの学習を振り返らせながら考えを整理させる。 ・グループごとに作成した模造紙を読ませ,互いの解釈について確認させる。	[主体的に学習に取り組む態度] ① 観察 ・ここでは,登場人物同士の言動の関係が,話の展開とどのように関わっているかを語り合ったり,気付いた内容をノートにメモしたりしようとしているかを確認する。
5	○ 前時の活動を通してメモしたことも踏まえて,自分が選んだ関係について考えたことをノートに文章でまとめる。 ○ 数名発表する。 ○ 「走れメロス」を読み直し,単元で学習したことについて確認する。	・自分が選んだ関係が話の展開においてどのような意味をもつのかについて,自分の解釈を文章にまとめさせる。 ・意図的に指名する。発表に対する意見や質問などを促し,教師も適宜生徒と対話して考えを深めさせる。	[思考・判断・表現] ② ノート ・ここでは,登場人物同士の言動の関係が,話の展開においてどのような意味をもつのかを考えているかを確認する。

【資料】ワークシート（Ａ３判）と記入する内容のイメージ

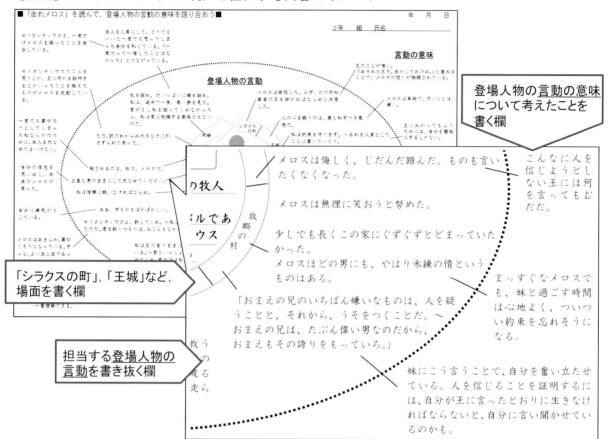

（1）［知識・技能］の評価

　［知識・技能］①の「情報と情報との関係の様々な表し方を理解し使っている」状況を，「登場人物同士の言動の関係を，記号等を用いて表している」姿（「おおむね満足できる」状況（Ｂ））と捉え，第3時に評価した。

　『中学校学習指導要領（平成29年告示）解説国語編』81ページには，「関係の様々な表し方とは，聞いたり読んだりして得た情報や自分のもっている情報を，図や絵，記号などを用いて整理することである。」とある。このことを踏まえ，第3時では，登場人物の言動と言動がどのように関わり合っているのかを可視化して整理する学習活動を行った。そこで，模造紙に解釈や記号等を記入する前に，「情報と情報との関係の様々な表し方」について，次のように全体で確認した。

【関係の表し方の例】

・同じ意味内容や似たような意味内容をもつもの同士は，「════」を記入する。
・反対の意味内容をもつもの同士は，「←→」を記入する。
・原因と結果の関係を表すもの同士は，「──→」を記入する。
・上記に含まれない関係を表す場合は，「------」，「▬▬▬」などを記入する。

　なお，本事例では，グループ内の各生徒に異なる色のペンを持たせて学習活動を行わせることで，グループ活動における個別の学習状況について明確に評価できるようにした。

【3枚のワークシートを貼付した模造紙への書き込み】

＊ここでは，生徒Xと生徒Zの記述の一部を用いて説明する。

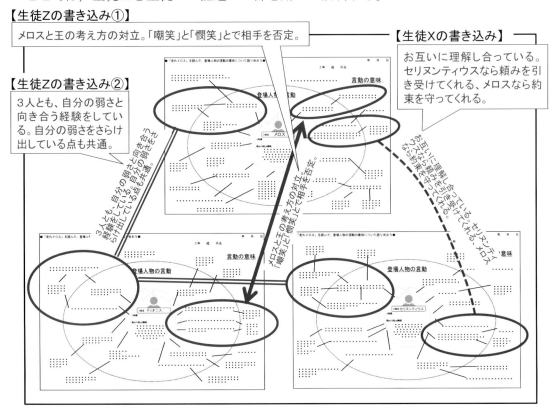

メロスを担当した【生徒Xの書き込み】では，メロスの「メロスは，友に一切の事情を語った。」という行動と，セリヌンティウスの「無言でうなずき，メロスをひしと抱きしめた。」という行動とを「------」を用いて結び付け，「お互いに理解し合っている」関係を説明しているので，「おおむね満足できる」状況（B）と判断した。

ディオニスを担当した【生徒Zの書き込み①】では，「嘲笑」と「憫笑」という異なる笑いについての表現を「←→」を用いて結び付け，「メロスと王の考え方の対立」という関係を説明している。加えて，【生徒Zの書き込み②】では，作品の結末での3人の登場人物の発言を「＝＝＝」で結び付け，「3人とも，自分の弱さと向き合う経験をしている。自分の弱さをさらけ出している点も共通。」として共通点を説明している。このように，生徒Zは，複数の記号等を用いて様々な角度から登場人物の言動の関係を捉えているので，「十分満足できる」状況（A）と判断した。

「努力を要する」状況（C）と判断した生徒に対しては，担当する登場人物の言動を具体的に一つ指摘させ，「この言動と同じような（あるいは，反対の）イメージの言動はどれだろうか。」と問いかけ，他の登場人物の言動を選ばせて記号で結び付けさせるなどの指導を行った。

（2）［思考・判断・表現］の評価

　［思考・判断・表現］①の「『読むこと』において，文章全体と部分との関係に注意しながら，登場人物の設定の仕方などを捉えている」状況を，「文章全体を踏まえて，担当する登場人物の『人物像』と『他の人物との関係』について正確に捉えている」姿（「おおむね満足できる」状況（B））と捉え，第2時に評価した。

ワークシートの中央部には，登場人物の設定の仕方を捉えるために，担当する人物の「人物像」と「他の人物との関係」を記入する欄を設けている。第2時では，この二つの欄に記述されている内容を確認した。

【生徒Xの記述】は，「（人物像）正義感あふれる村の牧人。自分の信念を貫くタイプ。／（他の人物との関係）王城のシーンから刑場まで，王とは敵対する関係。セリヌンティウスとは親友だが途中揺らぐ。」であった。文章全体を踏まえて「正義感あふれる」などの人物像

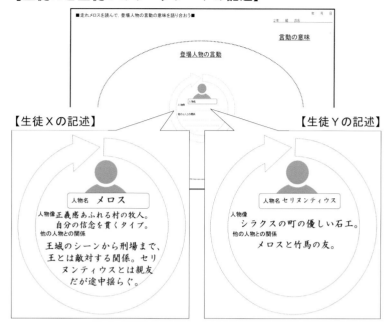

【生徒Xと生徒Yのワークシートの記述】

【生徒Xの記述】　　　　　　　　　　　　　　　　　【生徒Yの記述】

人物名　メロス
人物像正義感あふれる村の牧人。自分の信念を貫くタイプ。
他の人物との関係
王城のシーンから刑場まで，王とは敵対する関係。セリヌンティウスとは親友だが途中揺らぐ。

人物名セリヌンティウス
人物像
シラクスの町の優しい石工。
他の人物との関係
メロスと竹馬の友。

を正確に把握した上で，時間の経過に沿って他の人物との関係をまとめていることから，「おおむね満足できる」状況（B）と判断した。

【生徒Yの記述】は，「（人物像）シラクスの町の優しい石工。／（他の人物との関係）メロスと竹馬の友。」であった。「メロスと竹馬の友。」という記述は，文章全体を踏まえてメロスとの関係をまとめたものとは言えないため，「努力を要する」状況（C）と判断し，「私はこの三日の間，たった一度だけ，ちらと君を疑った。生まれて初めて君を疑った。」というセリヌンティウスの言葉に着目させ，「セリヌンティウスが登場する王城と刑場の場面での言葉を見直して，関係をもう少し丁寧に書いてみよう。」と指導した。生徒Yは，教科書の叙述を確認し，「途中で疑うが，最後には全てを語り合える信頼関係になる。」と書き加えた。その上で，人物像についても見直し，「うそをつかない正直な石工。」と書き直した。これらの記述は，文章全体を踏まえた上で正確に人物像を捉えるとともに，二人の関係を表しているので，「おおむね満足できる」状況（B）と判断した。

［思考・判断・表現］①の「十分満足できる」状況（A）については，以下の内容を単元末の小テストで問い，文章全体を踏まえて適切に解答できたものを「十分満足できる」状況（A）とした。

【テスト例1】

■ 教科書と自分の授業ノートを使って，次の問いに答えなさい。

　　メロス，ディオニス，セリヌンティウスのうち2名を選び，文章全体を踏まえた上で，①それぞれの人物像と，②二人の関係を答えなさい。

［思考・判断・表現］②については，「『読むこと』において，登場人物の言動の意味などについて考えて，内容を解釈している」状況を，「登場人物同士の言動の関係が，話の展開においてどのような意味をもつのかを考えている」姿（「おおむね満足できる」状況（B））と捉え，第5時に評価した。

第3編
事例3

メロスとセリヌンティウスとの関係を選んで考えていた生徒Yは，ディオニスの言葉から，「人を疑うのは仕方がないことで，悪いことではないと考えています。」と自分を正当化するディオニスの考えに言及している。そして，この言動と対比の関係にあるメロスとセリヌンティウスの言動から共通点を指摘し，「『信頼』，『信実』」によって結ばれた強い絆が，最後に王の心を変えた」と考えている。このように，ディオニスの発言と対比させながらメロスとセリヌンティウスとの関係を考え，それらが話の展開においてどのような意味をもっているのかを考えているので，「おおむね満足できる」状況（B）と評価した。

同じく，メロスとセリヌンティウスとの関係を考えていた生徒Zは，まず，ディオニスの考えと，メロスとセリヌンティウスの考えとを対比させた上で，実は二人にも王のような弱い心があることを指摘している。その上で，王にはない，自らを奮い立たせながら正義を貫くメロスの心を取り上げ，最後のセリヌンティウスとの場面を通して，弱い心は信頼関係で乗り越えられるものであると捉えている。そして，「もっと恐ろしく大きいもの」のために走ったメロスの行動を取り上げ，話の展開を踏まえながら，これは「信頼の輪を広げるための力だったのではないか」と，文章全体の中でメロスの行動がもつ意味についても考えている。これらのことから，「十分満足できる」状況（A）と判断した。

（3）[主体的に学習に取り組む態度] の評価

[主体的に学習に取り組む態度] ①の「積極的に登場人物の言動の意味などについて考え，学習課題に沿って考えたことを語り合おうとしている」状況を，「登場人物同士の言動の関係が，話の展開とどのように関わっているかを語り合ったり，気付いた内容をノートにメモしたりしようとしている」姿（「おおむね満足できる」状況（B））と捉え，第4時に評価した。例えば，登場人物の言動の関係を考えようと，自分と同じ関係を選んだ者を探して語り合おうとする姿から主として粘り強さを確認した。また，次時で文章にまとめるために，他の生徒と語り合う中で気が付いたことをノートに記述している姿から主として自らの学習の調整を確認した。

また，これまで学習した他の作品のことを想起して話したり，異なる考えをもつ友達を数名集めて

【生徒Yのノートの記述】

「疑うのが正当の心構えなのだと，わしに教えてくれたのは，おまえたちだ」とつぶやくディオニスは，人を疑うのは仕方がないことで，悪いことではないと考えています。

これに対してメロスは，「人の心を疑うのは，最も恥ずべき悪徳だ。王は，民の忠誠をさえ疑っておられる。」と言い，人を疑うことは悪いことだと考えています。話の後半でセリヌンティウスも，「私はこの三日の間，たった一度だけ，ちらと君を疑った。生まれて初めて君を疑った。君が私を殴ってくれなければ，私は君と抱擁できない。」と言っています。このセリヌンティウスの言葉も，人を疑うことは悪いことだととらえているものです。

ディオニスの考えとは正反対の考えをもっている二人の「信頼」，「信実」によって結ばれた強い絆が，最後に王の心を変えたのだと思います。

【生徒Zのノートの記述】

暴君ディオニスは，孤独であることを理由に多くの人の命を奪った。その王が最後は，「信実とは，決して空虚な妄想ではなかった。」と考えを改める。一方，メロスとセリヌンティウスは固い絆で結ばれ，互いの胸のうちを明かせるほどの深い関係をもつ者同士として描かれている。

しかし，勇者メロスの心にも，弱い一面も二人の共通点で心を変えてしまうメロスとセリヌンティウスの強い信頼関係が伝わる。「仲間に入れてくれまいか。」と願う王の言葉から，一瞬の迷いを吹っ切って走るメロスが感じた「もっと恐ろしく大きいもの」は，信頼の輪を広げるための力だったのではないかと感じた。

グループで対話をしようとしたりする状況を「興味の広がり」，「集団への寄与」（事例1【評価メモ】の「Aと判断するポイントの例」参照）と捉え，「十分満足できる」状況（A）と判断した。

なお，対話を一度しようとしただけで，他の生徒の考えを参考にしようとする姿が見られない生徒については，「努力を要する」状況（C）と判断し，単元の学習課題や学習の見通しについて再度確認するように指導した。

6　テストの工夫

テストを作成する際は，授業で育成を目指した資質・能力（指導事項）の定着を確認する問題を作成することが重要である。ここでは，「走れメロス」の全文を配布し，授業で取り上げなかったフィロストラトスについて出題した問題の一例を示す。

「走れメロス」とは異なる文章による問題を出題することも考えられる。

【テスト例２】

【登場人物同士の言動の関係を捉える問題例】

次のフィロストラトスの言葉は，他の登場人物のどのような言動と関係していると思いますか。あとの条件1から条件3にしたがって，あなたの考えを書きなさい。

> 「やめてください。走るのはやめてください。今はご自分のお命が大事です。あの方は，あなたを信じておりました。刑場に引き出されても，平気でいました。王様がさんざんあの方をからかっても，メロスは来ますとだけ答え，強い信念をもち続けている様子でございました。」

条件1　関連していると考えるメロス，セリヌンティウス，ディオニスのいずれかの人物の言動を引用すること。
条件2　フィロストラトスの言葉を引用すること。
条件3　フィロストラトスの言葉とどのように関係しているかについて説明すること。百五十字から二百字程度で書くこと。

〈正答例〉
○メロスの言動を引用
「それだから、走るのだ。信じられているから走るのだ。」というメロスの言葉と関係している。このフィロストラトスの言葉によって、メロスはセリヌンティウスが自分を信じていたことを知った。そのことによって、メロスは、走るのを止めようと考えた自分を恥ずかしく思い、友のために約束を守ろうとする決意を強めて「間に合う、間に合わぬは問題でないのだ。」と最後の力を振り絞って走っているのだと思う。（190字）

○セリヌンティウスの言動を引用
「私はこの三日の間、たった一度だけ、ちらと君を疑った。生まれて初めて君を疑った。」というセリヌンティウスの言葉と関係していると思います。このフィロストラトスの言葉によって、周りから見たセリヌンティウスはメロスが戻ってくることを信じ切っているように見えていたことになります。このことが、実はセリヌンティウスも心の中では一度だけメロスを疑っていたということを強調しているからです。（188字）

○ディオニスの言動を引用
ディオニスが最後に言った「おまえらは、わしの心に勝ったのだ。」というセリフの「おまえら」には、走りきったメロスだけでなく、王のからかいに動じなかったセリヌンティウスをたたえる気持ちも込められている。このフィロストラトスの言葉があるからこそ、ディオニスの最後の言葉に込められた気持ちを読み取ることができるのである。（156字）

- 65 -

国語科　　事例4

キーワード　「知識・技能」と「思考・判断・表現」の評価の明確化，学習の振り返りの活用

単元名	内容のまとまり
清少納言と自分のものの見方や考え方を比べる 　　　　　　　　　　　　　第2学年　C読むこと	第2学年 〔知識及び技能〕(3) 我が国の言語文化に関する事項 〔思考力，判断力，表現力等〕「C読むこと」

《授業例》

1　単元の目標

(1)　現代語訳や語注などを手掛かりに作品を読むことを通して，古典に表れたものの見方や考え方を知ることができる。　　　　　　　　　　　　　　　　　　　〔知識及び技能〕(3)イ

(2)　文章を読んで理解したことや考えたことを知識や経験と結び付け，自分の考えを広げたり深めたりすることができる。　　　　　　　　　　　　〔思考力，判断力，表現力等〕C(1)オ

(3)　言葉がもつ価値を認識するとともに，読書を生活に役立て，我が国の言語文化を大切にして，思いや考えを伝え合おうとする。　　　　　　　　　　　　　　「学びに向かう力，人間性等」

2　本単元における言語活動

　『枕草子』を読んで，清少納言と自分のものの見方や考え方を比べて考えたことを説明する。

（関連：〔思考力，判断力，表現力等〕C(2)ア）

3　単元の評価規準

知識・技能	思考・判断・表現	主体的に学習に取り組む態度
①現代語訳や語注などを手掛かりに作品を読むことを通して，古典に表れたものの見方や考え方を知っている。（(3)イ）	①「読むこと」において，文章を読んで理解したことや考えたことを知識や経験と結び付け，自分の考えを広げたり深めたりしている。　（C(1)オ）	①積極的に古典に表れたものの見方や考え方を知り，学習の見通しをもって自分の考えを説明しようとしている。

4　指導と評価の計画（3時間）

時	主たる学習活動	評価する内容	評価方法
1	○　『枕草子』について，小学校での学習を想起するとともに，映像資料を視聴するなどして概要を理解する。 ○　第一段を読み，清少納言のものの見方や考え方を知る。	［知識・技能］①	ノート
2 ・ 3	○　「うつくしきもの」を読み，清少納言のものの見方や考え方を捉え，自分のものの見方や考え方と比べる。	［思考・判断・表現］① ［主体的に学習に取り組む態度］①	ノート 振り返りシート

			観察
	○ 提示された「ものづくし」の章段からグループで一つ選んで自分たちの考えと比べながら読み，清少納言のものの見方や考え方について意見を述べ合う。		
	○ 清少納言と自分のものの見方や考え方を比べて考えたことをまとめる。		
	○ 各自でまとめた内容をグループで共有し，代表者がその内容を発表する。		

【単元の流れ】

時	学習活動	指導上の留意点	評価規準・評価方法等
1	○ 学習のねらいや進め方をつかみ，学習の見通しをもつ。	・『枕草子』を読み，清少納言のものの見方や考え方を捉え，自分のものの見方や考え方と比べるという学習の見通しをもたせる。	
	○ 小学校での『枕草子』の学習を想起するとともに，映像資料を視聴するなどして概要を理解する。	・小学校で学習した内容を自由に発言させる。	
	○ 第一段を全員で音読する。	・歴史的仮名遣いの読み方を確認しながら音読させる。	
	○ 古文特有の言葉に着目し，語注や現代語訳と対応させて作品を読む。	・「やうやう」，「さらなり」，「をかし」など，清少納言のものの見方や考え方を捉える際に参考になる言葉を挙げ，その意味を確認させる。	
	○ 着目した言葉や文を取り上げながら，清少納言のものの見方や考え方について知ったことを簡潔にノートに書く。		[知識・技能①] ノート ・言葉や文を踏まえた清少納言のものの見方や考え方の発見
	○ 書いた内容をペア（隣同士）で交流し，共有する。		
2 ・ 3	○ 「かわいらしいもの」と言われて思い付くものをノートに書き出す。	・「物」として捉えるだけでなく，「～のような出来事」，「～のような行動」という形でも考えさせる。	
	○ 「うつくしきもの」を現代語訳で読む。	・上段に現代語訳，下段に原文が書かれた資料を配布する。	

第3編
事例4

○ 清少納言が「かわいらしいもの」と感じているものと自分が書き出したものとを比較しながら，清少納言のものの見方や考え方について考える。		
○ 考えたことを発表し，学級全体で共有する。		
○「ものづくし」の章段「にくきもの」，「はしたなきもの」，「うれしきもの」から，読みたいものをグループで一つ選ぶ。		
○ 選んだ章段の見出しから，思い付くものを個人でノートに書き出す。		
○ 選んだ章段を読み，清少納言のものの見方や考え方について，自分の考えと比べながら考えたことをグループで述べ合う。	・上段に現代語訳，下段に原文が書かれた資料を配布する（三つの章段を全員に配布する）。	
○ 自分の知識や経験を踏まえながら，清少納言と自分のものの見方や考え方を比べて考えたことをノートにまとめる。	・「私は〜と思っていたが、清少納言は〜」などの形で，清少納言と自分のものの見方や考え方の共通点や相違点を整理した上で，そこから考えたことをまとめるようにさせる。	［思考・判断・表現］① ノート ・知識や経験を踏まえた，清少納言と自分のものの見方や考え方の比較
○ 個々にまとめた内容をグループ内で説明し合い，共有する。	・グループでの交流，発表を通して気付いたことや考えたことがあればノートに加筆させる。	
○ 各グループの代表者が，共有した内容を発表する。		［主体的に学習に取り組む態度］① 振り返りシート,観察 ※ 第2時と第3時の振り返りの内容等を合わせて評価する。
※ 第2時，第3時の終わりに，振り返りシートで学習を振り返る。	・振り返る項目を示し，振り返りシートに簡潔に記述させる。	

《本授業例における評価の実際》

5　観点別学習状況の評価の進め方

　本事例では，〔知識及び技能〕の「伝統的な言語文化」に関する指導事項について，〔思考力，判断力，表現力等〕の「Ｃ読むこと」と関連付けて指導する。このような場合には，単元の中で，何を「知識・技能」として評価し，何を「思考・判断・表現」として評価するかを明確にしておく必要がある。そのため，本事例では，それぞれの指導事項で育成を目指す資質・能力を踏まえ，次のように整理し，評価することとした。

○　現代語訳や語注などを手掛かりに『枕草子』を読み，清少納言のものの見方や考え方を知っている状況を「知識・技能」で評価する。

○　『枕草子』を読んで捉えた清少納言のものの見方や考え方と自分の知識や経験を結び付けて，考えを広げたり深めたりしている状況を「思考・判断・表現」で評価する。

（1）〔知識・技能〕の評価

　古典に表れたものの見方や考え方を知るためには，原文だけではなく，現代語訳や語注，古典について解説した文章などが手掛かりとなる。学習の中で，これらを生かして作品を読むことで，作品に描かれている情景や登場人物の心情などを想像したり，作者のものの見方や考え方を知ったりする学習活動が効果的に展開する。

　そこで，現代語訳や語注を手掛かりに『枕草子』を読み，清少納言のものの見方や考え方を知っているかどうかを評価するために，「おおむね満足できる」状況（Ｂ）の例を，以下の【キーワード】によって具体的に想定し，ノートの記述を基に評価した。

【キーワード】言葉や文を踏まえた清少納言のものの見方や考え方の発見

　第１時で実際に評価する場面では，現代語訳や語注などを活用しながら古文特有の言葉を確認した上で，自分が気付いた清少納言のものの見方や考え方を，作品の言葉や文を取り上げながら簡潔に書かせた。その記述を【キーワード】により評価し，必要に応じて指導を行った。

　例えば，生徒Ｘは，「清少納言は、蛍について単にきれいだと言うのではなく、『ただ一つ二つなど、ほのかにうち光りて行く』様子を捉えて『をかし』と言っている。日常の小さな出来事を細かく見て、その変化を楽しんでいる感じがする。」とノートに書いた。作品の内容を踏まえて言葉を捉え，「日常の小さな出来事を細かく見て、その変化を楽しんでいる」と清少納言のものの見方や考え方を説明していることから【キーワード】に該当すると判断し，「おおむね満足できる」状況（Ｂ）と評価した。

　なお，「清少納言のものの見方や考え方」と言われてもイメージがわかない生徒には，印象に残った部分を再読させ，どのようなことが書かれているか，その内容について自分はどう思うかなど感想を求めながら「清少納言のものの見方や考え方」の具体を捉えさせた。

（2）〔思考・判断・表現〕の評価

　本単元では，自分の知識や経験を踏まえて，清少納言と自分のものの見方や考え方を比べることで，自分の考えを広げたり深めたりすることができるようにしたいと考えた。

そこで,『枕草子』を読んで捉えた清少納言のものの見方や考え方と自分の知識や経験を結び付けて,考えを広げたり深めたりしているかどうかを評価するために,「おおむね満足できる」状況（B）の例を,以下の【キーワード】によって具体的に想定し,ノートの記述を基に評価した。

【キーワード】知識や経験を踏まえた,清少納言と自分のものの見方や考え方の比較

実際に評価する場面では,グループで選んだ「ものづくし」の章段の内容を捉えた上で,自分の知識や経験を踏まえて,清少納言と自分のものの見方や考え方を比べて考えることができているかを,ノートの記述を基に評価した。

【生徒Yのノートの記述】では,体育の授業での自分の経験を取り上げ「日常のささいなことの中で同じ思いをしている」として,清少納言と自分のものの見方や考え方とを比較し,共通点を見いだしている。また,自分は「日常会話の中で、あまりしみじみとした話をしたことがないからかもしれませんが」と前置きした上で,「人との接し方について」清少納言と自分とでは考え方に違いがあることを説明している。これらのことから,【キーワード】に該当すると判断し,「おおむね満足できる」状況（B）と評価した。

【生徒Zのノートの記述】では,生徒Yと同様に,自分の経験を踏まえて,清少納言と自分のものの見方や考え方を比較し,共通点を見いだして説明している。その上で,「改めて『はしたなきもの』を読み直し」たことにより,更に考えを深めている。具体的には,「『きまりの悪さ』について、私は常に自分を中心に考えているのに対して、清少納言は、周りの人をしっかりと観察して判断している」という考えがそれに該当する。そして,「清少納言は『相手がどう思うか』を考えた上で、『相手に対して申し訳ない』という意識を強くもっているのではないだろうか。」として,新たな視点を獲得している。これらのことから,【キーワード】を満たした上で質の高まりがみられると判断し,「十分満足できる」状況（A）と判断した。

なお,自分の知識や経験を踏まえて,自分が考える「にくきもの」,「はしたなきもの」,「うれしきもの」は挙げているが,清少納言のもの

【生徒Yのノートの記述】

私も清少納言と同じような経験をしたことがあります。つい先日のことですが、体育の授業で、私ではなく違う人が呼ばれたのに、自分が呼ばれていると勘違いして「はい」と大きく返事をしてしまいました。周りの目が気になり、きまり悪く感じました。清少納言も、私たちのように現代と同じ感覚で、「はしたなきもの」を感じていて、ものの見方という点では、私の感覚ととても近いと思いました。日常のささいなことの中で同じ思いをしているので共感できました。

しかし、清少納言のように、「泣き顔つくる」ことを、私ははしません。日常会話の中で、あまりしみじみとした話をしたことがないからかもしれませんが、私は、泣けないときには無理に涙を流さないと思います。人との接し方については、私と清少納言とでは考え方に違いがあると思いました。

【生徒Zのノートの記述】

「はしたなきもの」を読んで、まず思ったのは、「きまりの悪い」思いをするという点では、私も清少納言も同じだということだ。私も、小学生のとき、先生と会話をしていて、何気なく先生のことを「お母さん」と言ってしまい、きまりの悪い思いをしたことがある。また、しみじみという感覚とは異なるかもしれないが、必死に練習したのに試合で負けてしまったときは、キャプテンだからチームメイトの前では泣きたくても泣けないことがある。

今回、グループで話し合う中で、「泣きたいときは泣けばいいし、泣きたくないときには泣かなくてもいい。感性は人それぞれ自由であるべきだ」という意見が出て、私は肯定されたようで安心した。しかし、改めて「はしたなきもの」を読み直してみると、「きまりの悪さ」について、私は常に自分を中心に考えているのに対して、清少納言は、周りの人をしっかりと観察して判断していると思った。清少納言は、周りの人をしっかりと考えた上で、「相手に対して申し訳ない」という意識を強くもっているのではないだろうか。

の見方や考え方と結び付けて考えていないもの，記述から明確に読み取れないものは，【キーワード】に該当しないと判断し，例えば，「清少納言にとってのうれしきものを具体的に取り上げて，自分の感じ方との共通点や相違点を整理してみましょう。」などと指導した。

（3）［主体的に学習に取り組む態度］の評価

　本単元では，我が国の言語文化に興味をもち，自分に引き寄せて考えることに重点を置いている。そのため，現代語訳や語注などを用いて『枕草子』の章段のいくつかを読むことを通して，清少納言のものの見方や考え方を知ろうと試行錯誤する過程で，特に粘り強さを発揮させたいと考えた。また，自分の知識や経験を踏まえて，清少納言と自分のものの見方や考え方を比べて感じたことや考えたことを説明する活動の中で，自らの学習の進め方を調整できるようにしたいと考えた。

　そこで，［主体的に学習に取り組む態度］①の評価規準の状況を評価するものとして，一単位時間の終わりに教師が振り返りの項目を示して振り返りシートに記述させた内容と，個々の生徒の学習状況を観察することを併用した。

　［主体的に学習に取り組む態度］の評価の参考となる振り返りの項目としては，例えば，次のような内容が考えられる。

【振り返りの項目（例）】

ア　本時（や本単元）の学習で意識したこと。
イ　本時（や本単元）で身に付いた力やできるようになったこと。
ウ　本時（や本単元）で課題を解決するために試行錯誤したこと。
エ　前時までに学習したことで，本時の学習に役立ったこと。
オ　本時（や本単元）で工夫しようとしたが，十分ではなかったこと。
カ　本時（や本単元）で学習したことで，今後の学習や生活の中で生かせそうなこと。

　本単元では，第２時と第３時の振り返りの内容として，以下の項目を示し，振り返りシートに簡潔に記述させた。

【第２時と第３時で示した振り返りの項目】

第２時	エ　前時までに学習したことで，本時の学習に役立ったこと。
第３時	ウ　本単元で課題を解決するために試行錯誤したこと。

　第２時の項目は，第１時の，着目した言葉や文を取り上げて清少納言のものの見方や考え方を知るという学習を想起させるとともに，現時点での自らの学習の状況を把握し，次の第３時の学習で学習課題を解決できるよう調整を促すための振り返りとして選定した。実際の評価に当たっては，第２時の時点では，特に，問われた内容について記述できていない生徒に着目した。これらの生徒に対しては，清少納言と自分のものの見方や考え方を比べて考えたことを説明するという言語活動の内容や，各時間における学習の進め方を確認させ，次時に向けて見通しをもって主体的に学習を進められるように指導した。第３時の評価に当たっては，第１時から第３時までの学習を通して試行錯誤した内容を記述させ，その内容等から判断した。

　【生徒Xの振り返りシートの記述】では，第２時の記述の中で，「清少納言のものの見方や考え方をどう捉えればよいのか大体分かっていた」とある。授業でも，進んで原文を確認し，学習を進めている様子が観察できた。第３時の記述には，「共通点と相違点をいくつか書き出したり，友達に説明

して意見を聞いたりした」とあり，積極的に学習課題について考えている様子が観察された。これらのことから「おおむね満足できる」状況（B）と判断した。

【生徒Xの振り返りシートの記述】

（第2時）
○前時までに学習したことで，本時の学習に役立ったこと。
1時間目の授業を受けて、清少納言のものの見方や考え方をどう捉えればよいのか大体分かっていたので、今日は現代語訳をそういう観点で読んでいった。原文が書いてあったので、今の言葉との違いも見付けながら考えた。
（第3時）
○本単元で課題を解決するために試行錯誤したこと。
清少納言と自分のものの見方や考え方の特徴を説明するのが難しかったので、共通点と相違点をいくつか書き出したり、友達に説明して意見を聞いたりした。

　また，第3時の振り返りの記述に，「他グループの意見交流の内容を聞きにいった」，「グループで選んだ章段以外も読み、清少納言と自分のものの見方や考え方を比べてみた」などと書かれたものは，「興味の広がり」，「応用・活用の意識」（事例1【評価メモ】の「Aと判断するポイントの例」参照）と捉え，「十分満足できる」状況（A）と判断した。

巻末資料

中学校国語科における「内容のまとまりごとの評価規準（例）」

Ⅰ　第1学年

1　第1学年の目標と評価の観点及びその趣旨

	（1）	（2）	（3）
目標	社会生活に必要な国語の知識や技能を身に付けるとともに，我が国の言語文化に親しんだり理解したりすることができるようにする。	筋道立てて考える力や豊かに感じたり想像したりする力を養い，日常生活における人との関わりの中で伝え合う力を高め，自分の思いや考えを確かなものにすることができるようにする。	言葉がもつ価値に気付くとともに，進んで読書をし，我が国の言語文化を大切にして，思いや考えを伝え合おうとする態度を養う。

（中学校学習指導要領 P.29）

観点	知識・技能	思考・判断・表現	主体的に学習に取り組む態度
趣旨	社会生活に必要な国語の知識や技能を身に付けているとともに，我が国の言語文化に親しんだり理解したりしている。	「話すこと・聞くこと」，「書くこと」，「読むこと」の各領域において，筋道立てて考える力や豊かに感じたり想像したりする力を養い，日常生活における人との関わりの中で伝え合う力を高め，自分の思いや考えを確かなものにしている。	言葉を通じて積極的に人と関わったり，思いや考えを確かなものにしたりしながら，言葉がもつ価値に気付こうとしているとともに，進んで読書をし，言葉を適切に使おうとしている。

（改善等通知　別紙4　P.2）

巻末資料

2　内容のまとまりごとの評価規準（例）

第1学年〔思考力，判断力，表現力等〕「A話すこと・聞くこと」

ア　紹介や報告など伝えたいことを話したり，それらを聞いて質問したり意見などを述べたりする活動		
知識・技能	思考・判断・表現	主体的に学習に取り組む態度
・指示する語句と接続する語句の役割について理解を深めている。（(1)エ）	・「話すこと・聞くこと」において，目的や場面に応じて，日常生活の中から話題を決め，集めた材料を整理し，伝え合う内容を検討している。（A(1)ア） ・「話すこと・聞くこと」において，必要に応じて記録したり質問したりしながら話の内容	・積極的に集めた材料を整理し，学習の見通しをもって報告しようとしている。

	を捉え，共通点や相違点など を踏まえて，自分の考えをま とめている。（A(1)エ）	

上記以外に設定することが考えられる評価規準の例		
・音声の働きや仕組みについて，理解を深めている。（(1)ア） ・事象や行為，心情を表す語句の量を増し，話や文章の中で使うことを通して，語感を磨き語彙を豊かにしている。（(1)ウ） ・語句の辞書的な意味と文脈上の意味との関係に注意して話や文章の中で使うことを通して，語感を磨き語彙を豊かにしている。（(1)ウ） ・比喩，反復，倒置，体言止めなどの表現の技法を理解し使っている。（(1)オ） ・原因と結果，意見と根拠など情報と情報との関係について理解している。（(2)ア） ・比較や分類，関係付けなどの情報の整理の仕方，引用の仕方や出典の示し方について理解を深め，それらを使っている。（(2)イ） ・古典には様々な種類の作品があることを知っている。（(3)イ） ・共通語と方言の果たす役割について理解している。（(3)ウ） ・漢字の行書の基礎的な書き方を理解して，身近な文字を行書で書いている。（(3)エ(イ)） ・読書が，知識や情報を得たり，自分の考えを広げたりすることに役立つことを理解してい	・「話すこと・聞くこと」において，自分の考えや根拠が明確になるように，話の中心的な部分と付加的な部分，事実と意見との関係などに注意して，話の構成を考えている。（A(1)イ） ・「話すこと・聞くこと」において，相手の反応を踏まえながら，自分の考えが分かりやすく伝わるように表現を工夫している。（A(1)ウ）	・進んで情報の整理の仕方を使って，学習課題に沿って意見を述べようとしている。

る。((3)オ) | |

| イ　互いの考えを伝えるなどして，少人数で話し合う活動 | | |

知識・技能	思考・判断・表現	主体的に学習に取り組む態度
・音声の働きや仕組みについて，理解を深めている。((1)ア) ・語句の辞書的な意味と文脈上の意味との関係に注意して話や文章の中で使うことを通して，語感を磨き語彙を豊かにしている。((1)ウ)	・「話すこと・聞くこと」において，相手の反応を踏まえながら，自分の考えが分かりやすく伝わるように表現を工夫している。(A(1)ウ)	・粘り強く表現を工夫し，今までの学習を生かして対話しようとしている。

| 上記以外に設定することが考えられる評価規準の例 | | |

知識・技能	思考・判断・表現	主体的に学習に取り組む態度
・事象や行為，心情を表す語句の量を増し，話や文章の中で使うことを通して，語感を磨き語彙を豊かにしている。((1)ウ) ・指示する語句と接続する語句の役割について理解を深めている。((1)エ) ・比喩，反復，倒置，体言止めなどの表現の技法を理解し使っている。((1)オ) ・原因と結果，意見と根拠など情報と情報との関係について理解している。((2)ア) ・比較や分類，関係付けなどの情報の整理の仕方，引用の仕方や出典の示し方について理解を深め，それらを使っている。((2)イ) ・共通語と方言の果たす役割について理解している。((3)ウ)	・「話すこと・聞くこと」において，目的や場面に応じて，日常生活の中から話題を決め，集めた材料を整理し，伝え合う内容を検討している。(A(1)ア) ・「話すこと・聞くこと」において，自分の考えや根拠が明確になるように，話の中心的な部分と付加的な部分，事実と意見との関係などに注意して，話の構成を考えている。（A(1)イ) ・「話すこと・聞くこと」において，必要に応じて記録したり質問したりしながら話の内容を捉え，共通点や相違点などを踏まえて，自分の考えをまとめている。(A(1)エ) ・「話すこと・聞くこと」において，話題や展開を捉えながら話し合い，互いの発言を結び付けて考えをまとめている。（A(1)オ)	・積極的に指示する語句と接続する語句の役割について理解を深め，学習課題に沿って話し合おうとしている。

巻末
資料

第1学年〔思考力，判断力，表現力等〕「B書くこと」

ア　本や資料から文章や図表などを引用して説明したり記録したりするなど，事実やそれを基に考えたことを書く活動		
知識・技能	思考・判断・表現	主体的に学習に取り組む態度
・比較や分類，関係付けなどの情報の整理の仕方，引用の仕方や出典の示し方について理解を深め，それらを使っている。（(2)イ） ・読書が，知識や情報を得たり，自分の考えを広げたりすることに役立つことを理解している。（(3)オ）	・「書くこと」において，根拠を明確にしながら，自分の考えが伝わる文章になるように工夫している。（B(1)ウ）	・粘り強く自分の考えが伝わる文章になるように工夫し，学習の見通しをもって説明する文章を書こうとしている。
上記以外に設定することが考えられる評価規準の例		
・学年別漢字配当表の漢字のうち900字程度の漢字を書き，文や文章の中で使っている。（(1)イ） ・事象や行為，心情を表す語句の量を増し，話や文章の中で使うことを通して，語感を磨き語彙を豊かにしている。（(1)ウ） ・語句の辞書的な意味と文脈上の意味との関係に注意して話や文章の中で使うことを通して，語感を磨き語彙を豊かにしている。（(1)ウ） ・指示する語句と接続する語句の役割について理解を深めている。（(1)エ） ・比喩，反復，倒置，体言止めなどの表現の技法を理解し使っている。（(1)オ） ・原因と結果，意見と根拠など情報と情報との関係について理解している。（(2)ア） ・字形を整え，文字の大きさ，配	・「書くこと」において，目的や意図に応じて，日常生活の中から題材を決め，集めた材料を整理し，伝えたいことを明確にしている。（B(1)ア） ・「書くこと」において，書く内容の中心が明確になるように，段落の役割などを意識して文章の構成や展開を考えている。（B(1)イ） ・「書くこと」において，読み手の立場に立って，表記や語句の用法，叙述の仕方などを確かめて，文章を整えている。（B(1)エ） ・「書くこと」において，根拠の明確さなどについて，読み手からの助言などを踏まえ，自分の文章のよい点や改善点を見いだしている。（B(1)オ）	・進んで情報と情報との関係について理解し，学習の見通しをもって記録する文章を書こうとしている。

列などについて理解して，楷書で書いている。((3)エ(ア))		

イ　行事の案内や報告の文章を書くなど，伝えるべきことを整理して書く活動

知識・技能	思考・判断・表現	主体的に学習に取り組む態度
・指示する語句と接続する語句の役割について理解を深めている。((1)エ)	・「書くこと」において，書く内容の中心が明確になるように，段落の役割などを意識して文章の構成や展開を考えている。(B(1)イ) ・「書くこと」において，読み手の立場に立って，表記や語句の用法，叙述の仕方などを確かめて，文章を整えている。(B(1)エ)	・積極的に表記や語句の用法，叙述の仕方などを確かめ，学習課題に沿って行事の案内の文章を書こうとしている。

上記以外に設定することが考えられる評価規準の例

知識・技能	思考・判断・表現	主体的に学習に取り組む態度
・学年別漢字配当表の漢字のうち900字程度の漢字を書き，文や文章の中で使っている。((1)イ) ・事象や行為，心情を表す語句の量を増し，話や文章の中で使うことを通して，語感を磨き語彙を豊かにしている。((1)ウ) ・語句の辞書的な意味と文脈上の意味との関係に注意して話や文章の中で使うことを通して，語感を磨き語彙を豊かにしている。((1)ウ) ・比喩，反復，倒置，体言止めなどの表現の技法を理解し使っている。((1)オ) ・原因と結果，意見と根拠など情報と情報との関係について理解している。((2)ア) ・比較や分類，関係付けなどの情報の整理の仕方，引用の仕方や出典の示し方について理解	・「書くこと」において，目的や意図に応じて，日常生活の中から題材を決め，集めた材料を整理し，伝えたいことを明確にしている。(B(1)ア) ・「書くこと」において，根拠を明確にしながら，自分の考えが伝わる文章になるように工夫している。(B(1)ウ) ・「書くこと」において，根拠の明確さなどについて，読み手からの助言などを踏まえ，自分の文章のよい点や改善点を見いだしている。(B(1)オ)	・粘り強く語句の辞書的な意味と文脈上の意味との関係に注意し，学習の見通しをもって報告する文章を書こうとしている。

知識・技能	思考・判断・表現	主体的に学習に取り組む態度
・を深め，それらを使っている。（(2)イ） ・字形を整え，文字の大きさ，配列などについて理解して，楷書で書いている。（(3)エ(ｱ)） ・読書が，知識や情報を得たり，自分の考えを広げたりすることに役立つことを理解している。（(3)オ）		

ウ　詩を創作したり随筆を書いたりするなど，感じたことや考えたことを書く活動

知識・技能	思考・判断・表現	主体的に学習に取り組む態度
・事象や行為，心情を表す語句の量を増し，話や文章の中で使うことを通して，語感を磨き語彙を豊かにしている。（(1)ウ） ・比喩，反復，倒置，体言止めなどの表現の技法を理解し使っている。（(1)オ）	・「書くこと」において，目的や意図に応じて，日常生活の中から題材を決め，集めた材料を整理し，伝えたいことを明確にしている。（B(1)ア）	・進んで集めた材料を整理し，学習課題に沿って詩を創作しようとしている。

上記以外に設定することが考えられる評価規準の例		
・学年別漢字配当表の漢字のうち 900 字程度の漢字を書き，文や文章の中で使っている。（(1)イ） ・語句の辞書的な意味と文脈上の意味との関係に注意して話や文章の中で使うことを通して，語感を磨き語彙を豊かにしている。（(1)ウ） ・単語の類別について理解している。（(1)エ） ・指示する語句と接続する語句の役割について理解を深めている。（(1)エ） ・原因と結果，意見と根拠など情報と情報との関係について理解している。（(2)ア） ・比較や分類，関係付けなどの情	・「書くこと」において，書く内容の中心が明確になるように，段落の役割などを意識して文章の構成や展開を考えている。（B(1)イ） ・「書くこと」において，根拠を明確にしながら，自分の考えが伝わる文章になるように工夫している。（B(1)ウ） ・「書くこと」において，読み手の立場に立って，表記や語句の用法，叙述の仕方などを確かめて，文章を整えている。（B(1)エ） ・「書くこと」において，根拠の明確さなどについて，読み手からの助言などを踏まえ，自分の文章のよい点や改善点を	・積極的に比喩，反復，倒置，体言止めなどの表現の技法を使い，今までの学習を生かして随筆を書こうとしている。

巻末資料

報の整理の仕方，引用の仕方や出典の示し方について理解を深め，それらを使っている。（(2)イ） ・字形を整え，文字の大きさ，配列などについて理解して，楷書で書いている。（(3)エ(ア)） ・読書が，知識や情報を得たり，自分の考えを広げたりすることに役立つことを理解している。（(3)オ）	見いだしている。（B(1)オ）	

第1学年〔思考力，判断力，表現力等〕「C読むこと」

ア　説明や記録などの文章を読み，理解したことや考えたことを報告したり文章にまとめたりする活動		
知識・技能	思考・判断・表現	主体的に学習に取り組む態度
・指示する語句と接続する語句の役割について理解を深めている。（(1)エ） ・原因と結果，意見と根拠など情報と情報との関係について理解している。（(2)ア）	・「読むこと」において，文章の中心的な部分と付加的な部分，事実と意見との関係などについて叙述を基に捉え，要旨を把握している。（C(1)ア）	・粘り強く文章の要旨を把握し，学習の見通しをもって理解したことを報告しようとしている。
上記以外に設定することが考えられる評価規準の例		
・学年別漢字配当表に示されている漢字に加え，その他の常用漢字のうち300字程度から400字程度までの漢字を読んでいる。（(1)イ） ・事象や行為を表す語句の量を増し，話や文章の中で使うことを通して，語感を磨き語彙を豊かにしている。（(1)ウ） ・語句の辞書的な意味と文脈上の意味との関係に注意して話や文章の中で使うことを通して，語感を磨き語彙を豊かにしている。（(1)ウ） ・比喩，反復，倒置，体言止めなどの表現の技法を理解し使っ	・「読むこと」において，目的に応じて必要な情報に着目して要約し，内容を解釈している。（C(1)ウ） ・「読むこと」において，文章の構成や展開，表現の効果について，根拠を明確にして考えている。（C(1)エ） ・「読むこと」において，文章を読んで理解したことに基づいて，自分の考えを確かなものにしている。（C(1)オ）	・積極的に語句の辞書的な意味と文脈上の意味との関係に注意し，学習課題に沿って考えたことをレポートにまとめようとしている。

巻末資料

- 81 -

ている。((1)オ） ・比較や分類，関係付けなどの情報の整理の仕方，引用の仕方や出典の示し方について理解を深め，それらを使っている。((2)イ） ・読書が，知識や情報を得たり，自分の考えを広げたりすることに役立つことを理解している。((3)オ）		

イ　小説や随筆などを読み，考えたことなどを記録したり伝え合ったりする活動

知識・技能	思考・判断・表現	主体的に学習に取り組む態度
・事象や行為，心情を表す語句の量を増し，話や文章の中で使うことを通して，語感を磨き語彙を豊かにしている。((1)ウ）	・「読むこと」において，場面の展開や登場人物の相互関係，心情の変化などについて，描写を基に捉えている。(C(1)イ） ・「読むこと」において，文章を読んで理解したことに基づいて，自分の考えを確かなものにしている。(C(1)オ）	・進んで登場人物の相互関係などを捉え，学習課題に沿って考えたことをスピーチしようとしている。

上記以外に設定することが考えられる評価規準の例

知識・技能	思考・判断・表現	主体的に学習に取り組む態度
・学年別漢字配当表に示されている漢字に加え，その他の常用漢字のうち300字程度から400字程度までの漢字を読んでいる。((1)イ） ・語句の辞書的な意味と文脈上の意味との関係に注意して話や文章の中で使うことを通して，語感を磨き語彙を豊かにしている。((1)ウ） ・単語の類別について理解している。((1)エ） ・指示する語句と接続する語句の役割について理解を深めている。((1)エ） ・比喩，反復，倒置，体言止めな	・「読むこと」において，文章の中心的な部分と付加的な部分，事実と意見との関係などについて叙述を基に捉え，要旨を把握している。(C(1)ア） ・「読むこと」において，目的に応じて必要な情報に着目して要約したり，場面と場面，場面と描写などを結び付けたりして，内容を解釈している。(C(1)ウ） ・「読むこと」において，文章の構成や展開，表現の効果について，根拠を明確にして考えている。(C(1)エ）	・積極的に古文や漢文を音読し，学習の見通しをもって考えたことを記録しようとしている。

どの表現の技法を理解し使っ
ている。((1)オ)

・原因と結果，意見と根拠など情
報と情報との関係について理
解している。((2)ア)

・比較や分類，関係付けなどの情
報の整理の仕方，引用の仕方
や出典の示し方について理解
を深め，それらを使っている。
((2)イ)

・音読に必要な文語のきまりや
訓読の仕方を知り，古文や漢
文を音読し，古典特有のリズ
ムを通して，古典の世界に親
しんでいる。((3)ア)

・共通語と方言の果たす役割に
ついて理解している。((3)ウ)

・読書が，知識や情報を得たり，
自分の考えを広げたりするこ
とに役立つことを理解してい
る。((3)オ)

ウ　学校図書館などを利用し，多様な情報を得て，考えたことなどを報告したり資料にまとめたりする
活動

知識・技能	思考・判断・表現	主体的に学習に取り組む態度
・比較や分類，関係付けなどの情報の整理の仕方，引用の仕方や出典の示し方について理解を深め，それらを使っている。((2)イ) ・読書が，知識や情報を得たり，自分の考えを広げたりすることに役立つことを理解している。((3)オ)	・「読むこと」において，目的に応じて必要な情報に着目して要約し，内容を解釈している。(C(1)ウ)	・積極的に必要な情報に着目し，学習課題に沿って考えたことを資料にまとめようとしている。
上記以外に設定することが考えられる評価規準の例		
・学年別漢字配当表に示されている漢字に加え，その他の常用漢字のうち300字程度から400字程度までの漢字を読ん	・「読むこと」において，文章の中心的な部分と付加的な部分，事実と意見との関係などについて叙述を基に捉え，要	・進んで引用の仕方や出典の示し方を使い，学習の見通しをもって考えたことを報告しようとしている。

でいる。((1)イ)
- 事象や行為，心情を表す語句の量を増し，話や文章の中で使うことを通して，語感を磨き語彙を豊かにしている。((1)ウ)
- 語句の辞書的な意味と文脈上の意味との関係に注意して話や文章の中で使うことを通して，語感を磨き語彙を豊かにしている。((1)ウ)
- 指示する語句と接続する語句の役割について理解を深めている。((1)エ)
- 比喩，反復，倒置，体言止めなどの表現の技法を理解し使っている。((1)オ)
- 原因と結果，意見と根拠など情報と情報との関係について理解している。((2)ア)
- 古典には様々な種類の作品があることを知っている。((3)イ)

旨を把握している。(C(1)ア)
- 「読むこと」において，場面の展開や登場人物の相互関係，心情の変化などについて，描写を基に捉えている。(C(1)イ)
- 「読むこと」において，文章の構成や展開，表現の効果について，根拠を明確にして考えている。(C(1)エ)
- 「読むこと」において，文章を読んで理解したことに基づいて，自分の考えを確かなものにしている。(C(1)オ)

II　第2学年

1　第2学年の目標と評価の観点及びその趣旨

	（1）	（2）	（3）
目標	社会生活に必要な国語の知識や技能を身に付けるとともに，我が国の言語文化に親しんだり理解したりすることができるようにする。	論理的に考える力や共感したり想像したりする力を養い，社会生活における人との関わりの中で伝え合う力を高め，自分の思いや考えを広げたり深めたりすることができるようにする。	言葉がもつ価値を認識するとともに，読書を生活に役立てて，我が国の言語文化を大切にして，思いや考えを伝え合おうとする態度を養う。

（中学校学習指導要領 P.32）

観点	知識・技能	思考・判断・表現	主体的に学習に取り組む態度
趣旨	社会生活に必要な国語の知識や技能を身に付けているとともに，我が国の言語文化に親しんだり理解したりしている。	「話すこと・聞くこと」，「書くこと」，「読むこと」の各領域において，論理的に考える力や共感したり想像したりする力を養い，社会生活における人との関わりの中で伝え合う力を高め，自分の思いや考えを広げたり深めたりしている。	言葉を通じて積極的に人と関わったり，思いや考えを広げたり深めたりしながら，言葉がもつ価値を認識しようとしているとともに，読書を生活に役立て，言葉を適切に使おうとしている。

（改善等通知　別紙4　P.2）

巻末資料

2　内容のまとまりごとの評価規準（例）

第2学年〔思考力，判断力，表現力等〕「Ａ話すこと・聞くこと」

ア　説明や提案など伝えたいことを話したり，それらを聞いて質問や助言などをしたりする活動		
知識・技能	思考・判断・表現	主体的に学習に取り組む態度
・話し言葉と書き言葉の特徴について理解している。（(1)イ） ・情報と情報との関係の様々な表し方を理解し使っている。（(2)イ）	・「話すこと・聞くこと」において，資料や機器を用いるなどして，自分の考えが分かりやすく伝わるように表現を工夫している。（A(1)ウ）	・積極的に表現を工夫し，学習課題に沿って提案しようとしている。
上記以外に設定することが考えられる評価規準の例		
・言葉には，相手の行動を促す働きがあることに気付いている。（(1)ア） ・抽象的な概念を表す語句の量を増し，話や文章の中で使う	・「話すこと・聞くこと」において，目的や場面に応じて，社会生活の中から話題を決め，異なる立場や考えを想定しながら集めた材料を整理し，伝え	・進んで敬語の働きについて理解し，今までの学習を生かして説明しようとしている。

ことを通して，語感を磨き語彙を豊かにしている。（(1)エ） ・類義語と対義語，同音異義語や多義的な意味を表す語句などについて理解し，話や文章の中で使うことを通して，語感を磨き語彙を豊かにしている。（(1)エ） ・話や文章の構成や展開について理解を深めている。（(1)オ） ・敬語の働きについて理解し，話や文章の中で使っている。（(1)カ） ・意見と根拠，具体と抽象など情報と情報との関係について理解している。（(2)ア） ・目的や必要に応じて，楷書又は行書を選んで書いている。（(3)ウ(イ)） ・本や文章などには，様々な立場や考え方が書かれていることを知り，自分の考えを広げたり深めたりする読書に生かしている。（(3)エ）	合う内容を検討している。（A(1)ア） ・「話すこと・聞くこと」において，自分の立場や考えが明確になるように，根拠の適切さや論理の展開などに注意して，話の構成を工夫している。（A(1)イ） ・「話すこと・聞くこと」において，論理の展開などに注意して聞き，話し手の考えと比較しながら，自分の考えをまとめている。（A(1)エ）	

イ　それぞれの立場から考えを伝えるなどして，議論や討論をする活動

知識・技能	思考・判断・表現	主体的に学習に取り組む態度
・意見と根拠，具体と抽象など情報と情報との関係について理解している。（(2)ア）	・「話すこと・聞くこと」において，自分の立場や考えが明確になるように，根拠の適切さや論理の展開などに注意して，話の構成を工夫している。（A(1)イ） ・「話すこと・聞くこと」において，論理の展開などに注意して聞き，話し手の考えと比較しながら，自分の考えをまとめている。（A(1)エ）	・粘り強く自分の考えをまとめ，今までの学習を生かして議論しようとしている。
上記以外に設定することが考えられる評価規準の例		

| ・言葉には，相手の行動を促す働きがあることに気付いている。（(1)ア）
・話し言葉と書き言葉の特徴について理解している。（(1)イ）
・抽象的な概念を表す語句の量を増し，話や文章の中で使うことを通して，語感を磨き語彙を豊かにしている。（(1)エ）
・類義語と対義語，同音異義語や多義的な意味を表す語句などについて理解し，話や文章の中で使うことを通して，語感を磨き語彙を豊かにしている。（(1)エ）
・話や文章の構成や展開について理解を深めている。（(1)オ）
・敬語の働きについて理解し，話や文章の中で使っている。（(1)カ）
・情報と情報との関係の様々な表し方を理解し使っている。（(2)イ）
・目的や必要に応じて，楷書又は行書を選んで書いている。（(3)ウ(イ)）
・本や文章などには，様々な立場や考え方が書かれていることを知り，自分の考えを広げたり深めたりする読書に生かしている。（(3)エ） | ・「話すこと・聞くこと」において，目的や場面に応じて，社会生活の中から話題を決め，異なる立場や考えを想定しながら集めた材料を整理し，伝え合う内容を検討している。（A(1)ア）
・「話すこと・聞くこと」において，資料や機器を用いるなどして，自分の考えが分かりやすく伝わるように表現を工夫している。（A(1)ウ）
・「話すこと・聞くこと」において，互いの立場や考えを尊重しながら話し合い，結論を導くために考えをまとめている。（A(1)オ） | ・積極的に話や文章の構成や展開について理解を深め，学習課題に沿って討論しようとしている。 |

第2学年〔思考力，判断力，表現力等〕「B書くこと」

ア　多様な考えができる事柄について意見を述べるなど，自分の考えを書く活動		
知識・技能	思考・判断・表現	主体的に学習に取り組む態度
・意見と根拠，具体と抽象など情報と情報との関係について理解している。（(2)ア）	・「書くこと」において，表現の工夫とその効果などについて，読み手からの助言などを	・積極的に自分の文章の改善点を見いだし，学習課題に沿って意見を述べる文章を書こう

・本や文章などには，様々な立場や考え方が書かれていることを知り，自分の考えを広げたり深めたりする読書に生かしている。（(3)エ）	踏まえ，自分の文章のよい点や改善点を見いだしている。 （B(1)オ）	としている。

上記以外に設定することが考えられる評価規準の例		
・言葉には，相手の行動を促す働きがあることに気付いている。（(1)ア） ・話し言葉と書き言葉の特徴について理解している。（(1)イ） ・学年別漢字配当表に示されている漢字を書き，文や文章の中で使っている。（(1)ウ） ・抽象的な概念を表す語句の量を増し，話や文章の中で使うことを通して，語感を磨き語彙を豊かにしている。（(1)エ） ・類義語と対義語，同音異義語や多義的な意味を表す語句などについて理解し，話や文章の中で使うことを通して，語感を磨き語彙を豊かにしている。（(1)エ） ・単語の活用，助詞や助動詞などの働き，文の成分の順序や照応など文の構成について理解している。（(1)オ） ・話や文章の構成や展開について理解を深めている。（(1)オ） ・情報と情報との関係の様々な表し方を理解し使っている。（(2)イ） ・目的や必要に応じて，楷書又は行書を選んで書いている。（(3)ウ(イ)）	・「書くこと」において，目的や意図に応じて，社会生活の中から題材を決め，多様な方法で集めた材料を整理し，伝えたいことを明確にしている。（B(1)ア） ・「書くこと」において，伝えたいことが分かりやすく伝わるように，段落相互の関係などを明確にし，文章の構成や展開を工夫している。（B(1)イ） ・「書くこと」において，根拠の適切さを考えて説明や具体例を加えるなど，自分の考えが伝わる文章になるように工夫している。（B(1)ウ） ・「書くこと」において，読み手の立場に立って，表現の効果などを確かめて，文章を整えている。（B(1)エ）	・進んで学年別漢字配当表に示されている漢字を書き，今までの学習を生かして提案を述べる文章を書こうとしている。

イ　社会生活に必要な手紙や電子メールを書くなど，伝えたいことを相手や媒体を考慮して書く活動		
知識・技能	思考・判断・表現	主体的に学習に取り組む態度
・敬語の働きについて理解し，話や文章の中で使っている。（(1)カ）	・「書くこと」において，伝えたいことが分かりやすく伝わるように，段落相互の関係などを明確にし，文章の構成や展開を工夫している。（B(1)イ） ・「書くこと」において，読み手の立場に立って，表現の効果などを確かめて，文章を整えている。（B(1)エ）	・粘り強く文章の構成や展開を工夫し，学習の見通しをもって手紙を書こうとしている。
上記以外に設定することが考えられる評価規準の例		
・言葉には，相手の行動を促す働きがあることに気付いている。（(1)ア） ・話し言葉と書き言葉の特徴について理解している。（(1)イ） ・学年別漢字配当表に示されている漢字を書き，文や文章の中で使っている。（(1)ウ） ・抽象的な概念を表す語句の量を増し，話や文章の中で使うことを通して，語感を磨き語彙を豊かにしている。（(1)エ） ・類義語と対義語，同音異義語や多義的な意味を表す語句などについて理解し，話や文章の中で使うことを通して，語感を磨き語彙を豊かにしている。（(1)エ） ・単語の活用，助詞や助動詞などの働き，文の成分の順序や照応など文の構成について理解している。（(1)オ） ・話や文章の構成や展開について理解を深めている。（(1)オ） ・意見と根拠，具体と抽象など情報と情報との関係について理	・「書くこと」において，目的や意図に応じて，社会生活の中から題材を決め，多様な方法で集めた材料を整理し，伝えたいことを明確にしている。（B(1)ア） ・「書くこと」において，根拠の適切さを考えて説明や具体例を加えたり，表現の効果を考えて描写したりするなど，自分の考えが伝わる文章になるように工夫している。（B(1)ウ） ・「書くこと」において，表現の工夫とその効果などについて，読み手からの助言などを踏まえ，自分の文章のよい点や改善点を見いだしている。（B(1)オ）	・積極的に話し言葉と書き言葉の特徴について理解し，学習課題に沿って電子メールを書こうとしている。

巻末資料

解している。((2)ア)
・情報と情報との関係の様々な表し方を理解し使っている。((2)イ)
・目的や必要に応じて，楷書又は行書を選んで書いている。((3)ウ(イ))
・本や文章などには，様々な立場や考え方が書かれていることを知り，自分の考えを広げたり深めたりする読書に生かしている。((3)エ)

ウ　短歌や俳句，物語を創作するなど，感じたことや想像したことを書く活動

知識・技能	思考・判断・表現	主体的に学習に取り組む態度
・類義語と対義語，同音異義語や多義的な意味を表す語句などについて理解し，話や文章の中で使うことを通して，語感を磨き語彙を豊かにしている。((1)エ) ・単語の活用，助詞や助動詞などの働き，文の成分の順序や照応など文の構成について理解している。((1)オ)	・「書くこと」において，表現の効果を考えて描写するなど，自分の考えが伝わる文章になるように工夫している。（B(1)ウ）	・進んで表現の効果を考えて描写し，今までの学習を生かして短歌を創作しようとしている。
上記以外に設定することが考えられる評価規準の例		
・話し言葉と書き言葉の特徴について理解している。((1)イ) ・学年別漢字配当表に示されている漢字を書き，文や文章の中で使っている。((1)ウ) ・抽象的な概念を表す語句の量を増し，話や文章の中で使うことを通して，語感を磨き語彙を豊かにしている。((1)エ) ・話や文章の構成や展開について理解を深めている。((1)オ) ・意見と根拠，具体と抽象など情報と情報との関係について理	・「書くこと」において，目的や意図に応じて，社会生活の中から題材を決め，多様な方法で集めた材料を整理し，伝えたいことを明確にしている。（B(1)ア） ・「書くこと」において，伝えたいことが分かりやすく伝わるように，段落相互の関係などを明確にし，文章の構成や展開を工夫している。（B(1)イ） ・「書くこと」において，読み手の立場に立って，表現の効果	・粘り強く話や文章の構成や展開について理解を深め，学習の見通しをもって物語を創作しようとしている。

巻末資料

解している。（(2)ア）	などを確かめて，文章を整えている。（B(1)エ）	
・情報と情報との関係の様々な表し方を理解し使っている。（(2)イ）	・「書くこと」において，表現の工夫とその効果などについて，読み手からの助言などを踏まえ，自分の文章のよい点や改善点を見いだしている。（B(1)オ）	
・漢字の行書とそれに調和した仮名の書き方を理解して，読みやすく速く書いている。（(3)ウ(ア)）		
・目的や必要に応じて，楷書又は行書を選んで書いている。（(3)ウ(イ)）		
・本や文章などには，様々な立場や考え方が書かれていることを知り，自分の考えを広げたり深めたりする読書に生かしている。（(3)エ）		

第2学年〔思考力，判断力，表現力等〕「C読むこと」

ア　報告や解説などの文章を読み，理解したことや考えたことを説明したり文章にまとめたりする活動		
知識・技能	思考・判断・表現	主体的に学習に取り組む態度
・抽象的な概念を表す語句の量を増し，話や文章の中で使うことを通して，語感を磨き語彙を豊かにしている。（(1)エ）	・「読むこと」において，文章全体と部分との関係に注意しながら，主張と例示との関係などを捉えている。（C(1)ア） ・「読むこと」において，文章と図表などを結び付け，その関係を踏まえて内容を解釈している。（C(1)ウ）	・積極的に内容を解釈し，学習課題に沿って理解したことを説明しようとしている。
上記以外に設定することが考えられる評価規準の例		
・言葉には，相手の行動を促す働きがあることに気付いている。（(1)ア） ・第1学年までに学習した常用漢字に加え，その他の常用漢字のうち350字程度から450字程度までの漢字を読んでいる。（(1)ウ） ・類義語と対義語，同音異義語や	・「読むこと」において，目的に応じて複数の情報を整理しながら適切な情報を得て，内容を解釈している。（C(1)イ） ・「読むこと」において，観点を明確にして文章を比較するなどし，文章の構成や論理の展開，表現の効果について考えている。（C(1)エ）	・粘り強く，文の成分の順序や照応など文の構成について理解し，学習課題に沿って考えたことをノートにまとめようとしている。

巻末資料

| 多義的な意味を表す語句など
について理解し，話や文章の
中で使うことを通して，語感
を磨き語彙を豊かにしてい
る。((1)エ)
・助詞や助動詞などの働き，文の
成分の順序や照応など文の構
成について理解しているとと
もに，話や文章の構成や展開
について理解を深めている。
((1)オ)
・意見と根拠，具体と抽象など情
報と情報との関係について理
解している。((2)ア)
・情報と情報との関係の様々な
表し方を理解し使っている。
((2)イ)
・本や文章などには，様々な立場
や考え方が書かれていること
を知り，自分の考えを広げた
り深めたりする読書に生かし
ている。((3)エ) | ・「読むこと」において，文章を
読んで理解したことや考えた
ことを知識や経験と結び付
け，自分の考えを広げたり深
めたりしている。(C(1)オ) | |

イ 詩歌や小説などを読み，引用して解説したり，考えたことなどを伝え合ったりする活動

知識・技能	思考・判断・表現	主体的に学習に取り組む態度
・第1学年までに学習した常用 漢字に加え，その他の常用漢 字のうち 350 字程度から 450 字程度までの漢字を読んでい る。((1)ウ)	・「読むこと」において，登場人 物の言動の意味などについて 考えて，内容を解釈している。 (C(1)イ) ・「読むこと」において，文章を 読んで理解したことや考えた ことを知識や経験と結び付 け，自分の考えを広げたり深 めたりしている。(C(1)オ)	・粘り強く登場人物の言動の意 味を考え，学習課題に沿って 引用して解説しようとしてい る。
上記以外に設定することが考えられる評価規準の例		
・言葉には，相手の行動を促す働 きがあることに気付いてい る。((1)ア) ・抽象的な概念を表す語句の量	・「読むこと」において，文章全 体と部分との関係に注意しな がら，登場人物の設定の仕方 などを捉えている。(C(1)ア)	・積極的に現代語訳や語注など を手掛かりに作品を読み，学 習課題に沿って考えたことを 説明しようとしている。

知識・技能	思考・判断・表現	主体的に学習に取り組む態度

を増し，話や文章の中で使うことを通して，語感を磨き語彙を豊かにしている。((1)エ)

・類義語と対義語，同音異義語や多義的な意味を表す語句などについて理解し，話や文章の中で使うことを通して，語感を磨き語彙を豊かにしている。((1)エ)

・単語の活用，助詞や助動詞などの働き，文の成分の順序や照応など文の構成について理解するとともに，話や文章の構成や展開について理解を深めている。((1)オ)

・意見と根拠，具体と抽象など情報と情報との関係について理解している。((2)ア)

・情報と情報との関係の様々な表し方を理解し使っている。((2)イ)

・作品の特徴を生かして朗読するなどして，古典の世界に親しんでいる。((3)ア)

・現代語訳や語注などを手掛かりに作品を読むことを通して，古典に表れたものの見方や考え方を知っている。((3)イ)

・本や文章などには，様々な立場や考え方が書かれていることを知り，自分の考えを広げたり深めたりする読書に生かしている。((3)エ)

・「読むこと」において，文章と図表などを結び付け，その関係を踏まえて内容を解釈している。（C(1)ウ)

・「読むこと」において，観点を明確にして文章を比較するなどし，文章の構成や論理の展開，表現の効果について考えている。（C(1)エ)

ウ　本や新聞，インターネットなどから集めた情報を活用し，出典を明らかにしながら，考えたことなどを説明したり提案したりする活動

知識・技能	思考・判断・表現	主体的に学習に取り組む態度
・類義語と対義語，同音異義語や	・「読むこと」において，観点を	・積極的に文章を比較するなど

多義的な意味を表す語句など について理解し，話や文章の 中で使うことを通して，語感 を磨き語彙を豊かにしてい る。((1)エ) ・情報と情報との関係の様々な 表し方を理解し使っている。 ((2)イ)	明確にして文章を比較するな どし，文章の構成や論理の展 開，表現の効果について考え ている。（C(1)エ）	し，学習課題に沿って出典を 明らかにしながら考えたこと を説明しようとしている。

上記以外に設定することが考えられる評価規準の例

・言葉には，相手の行動を促す働き があることに気付いてい る。((1)ア) ・第1学年までに学習した常用 漢字に加え，その他の常用漢 字のうち350字程度から450 字程度までの漢字を読んでい る。((1)ウ) ・抽象的な概念を表す語句の量 を増し，話や文章の中で使う ことを通して，語感を磨き語 彙を豊かにしている。((1)エ) ・助詞や助動詞などの働き，文の 成分の順序や照応など文の構 成について理解しているとと もに，話や文章の構成や展開 について理解を深めている。 ((1)オ) ・敬語の働きについて理解し，話 や文章の中で使っている。 ((1)カ) ・意見と根拠，具体と抽象など情 報と情報との関係について理 解している。((2)ア) ・作品の特徴を生かして朗読す るなどして，古典の世界に親 しんでいる。((3)ア) ・現代語訳や語注などを手掛か りに作品を読むことを通し	・「読むこと」において，文章全 体と部分との関係に注意しな がら，主張と例示との関係や 登場人物の設定の仕方などを 捉えている。（C(1)ア） ・「読むこと」において，目的に 応じて複数の情報を整理しな がら適切な情報を得たり，登 場人物の言動の意味などにつ いて考えたりして，内容を解 釈している。（C(1)イ） ・「読むこと」において，文章と 図表などを結び付け，その関 係を踏まえて内容を解釈して いる。（C(1)ウ） ・「読むこと」において，文章を 読んで理解したことや考えた ことを知識や経験と結び付 け，自分の考えを広げたり深 めたりしている。（C(1)オ）	・粘り強く情報と情報との関係 について理解し，学習の見通 しをもって考えたことを提案 しようとしている。

て，古典に表れたものの見方
や考え方を知っている。（(3)
イ)
・本や文章などには，様々な立場
や考え方が書かれていること
を知り，自分の考えを広げた
り深めたりする読書に生かし
ている。（(3)エ)

巻末
資料

Ⅲ 第3学年

1 第3学年の目標と評価の観点及びその趣旨

目標	（1）	（2）	（3）
	社会生活に必要な国語の知識や技能を身に付けるとともに，我が国の言語文化に親しんだり理解したりすることができるようにする。	論理的に考える力や深く共感したり豊かに想像したりする力を養い，社会生活における人との関わりの中で伝え合う力を高め，自分の思いや考えを広げたり深めたりすることができるようにする。	言葉がもつ価値を認識するとともに，読書を通して自己を向上させ，我が国の言語文化に関わり，思いや考えを伝え合おうとする態度を養う。

（中学校学習指導要領 P.35）

観点	知識・技能	思考・判断・表現	主体的に学習に取り組む態度
趣旨	社会生活に必要な国語の知識や技能を身に付けているとともに，我が国の言語文化に親しんだり理解したりしている。	「話すこと・聞くこと」，「書くこと」，「読むこと」の各領域において，論理的に考える力や深く共感したり豊かに想像したりする力を養い，社会生活における人との関わりの中で伝え合う力を高め，自分の思いや考えを広げたり深めたりしている。	言葉を通じて積極的に人と関わったり，思いや考えを広げたり深めたりしながら，言葉がもつ価値を認識しようとしているとともに，読書を通して自己を向上させ，言葉を適切に使おうとしている。

（改善等通知 別紙4 P.2）

2 内容のまとまりごとの評価規準（例）

第3学年〔思考力，判断力，表現力等〕「Ａ話すこと・聞くこと」

ア 提案や主張など自分の考えを話したり，それらを聞いて質問したり評価などを述べたりする活動		
知識・技能	思考・判断・表現	主体的に学習に取り組む態度
・敬語などの相手や場に応じた言葉遣いを理解し，適切に使っている。（(1)エ） ・具体と抽象など情報と情報との関係について理解を深めている。（(2)ア）	・「話すこと・聞くこと」において，場の状況に応じて言葉を選ぶなど，自分の考えが分かりやすく伝わるように表現を工夫している。（Ａ(1)ウ）	・積極的に場の状況に応じて言葉を選び，学習課題に沿って提案しようとしている。
上記以外に設定することが考えられる評価規準の例		
・理解したり表現したりするために必要な語句の量を増し，話や文章の中で使うことを通	・「話すこと・聞くこと」において，目的や場面に応じて，社会生活の中から話題を決め，多	・進んで情報の信頼性の確かめ方を理解して使い，学習の見通しをもって主張しようとし

知識・技能	思考・判断・表現	主体的に学習に取り組む態度
して，語感を磨き語彙を豊かにしている。（(1)イ）	様な考えを想定しながら材料を整理し，伝え合う内容を検討している。（A(1)ア）	ている。
・慣用句や四字熟語などについて理解を深め，話や文章の中で使うことを通して，語感を磨き語彙を豊かにしている。（(1)イ）	・「話すこと・聞くこと」において，自分の立場や考えを明確にし，相手を説得できるように論理の展開などを考えて，話の構成を工夫している。（A(1)イ）	
・和語，漢語，外来語などを使い分けることを通して，語感を磨き語彙を豊かにしている。（(1)イ）	・「話すこと・聞くこと」において，話の展開を予測しながら聞き，聞き取った内容や表現の仕方を評価して，自分の考えを広げたり深めたりしている。（A(1)エ）	
・話や文章の種類とその特徴について理解を深めている。（(1)ウ）		
・情報の信頼性の確かめ方を理解し使っている。（(2)イ）		
・長く親しまれている言葉や古典の一節を引用するなどして使っている。（(3)イ）		
・時間の経過による言葉の変化や世代による言葉の違いについて理解している。（(3)ウ）		
・自分の生き方や社会との関わり方を支える読書の意義と効用について理解している。（(3)オ）		

イ　互いの考えを生かしながら議論や討論をする活動

知識・技能	思考・判断・表現	主体的に学習に取り組む態度
・情報の信頼性の確かめ方を理解し使っている。（(2)イ）	・「話すこと・聞くこと」において，自分の立場や考えを明確にし，相手を説得できるように論理の展開などを考えて，話の構成を工夫している。（A(1)イ）	・粘り強く論理の展開を考え，今までの学習を生かして議論しようとしている。
	・「話すこと・聞くこと」において，進行の仕方を工夫したり互いの発言を生かしたりしながら話し合い，合意形成に向	

	けて考えを広げたり深めたりしている。（A(1)オ）	
上記以外に設定することが考えられる評価規準の例		
・理解したり表現したりするために必要な語句の量を増し，話や文章の中で使うことを通して，語感を磨き語彙を豊かにしている。（(1)イ） ・慣用句や四字熟語などについて理解を深め，話や文章の中で使うことを通して，語感を磨き語彙を豊かにしている。（(1)イ） ・和語，漢語，外来語などを使い分けることを通して，語感を磨き語彙を豊かにしている。（(1)イ） ・話や文章の種類とその特徴について理解を深めている。（(1)ウ） ・敬語などの相手や場に応じた言葉遣いを理解し，適切に使っている。（(1)エ） ・具体と抽象など情報と情報との関係について理解を深めている。（(2)ア） ・長く親しまれている言葉や古典の一節を引用するなどして使っている。（(3)イ） ・時間の経過による言葉の変化や世代による言葉の違いについて理解している。（(3)ウ） ・自分の生き方や社会との関わり方を支える読書の意義と効用について理解している。（(3)オ）	・「話すこと・聞くこと」において，目的や場面に応じて，社会生活の中から話題を決め，多様な考えを想定しながら材料を整理し，伝え合う内容を検討している。（A(1)ア） ・「話すこと・聞くこと」において，場の状況に応じて言葉を選ぶなど，自分の考えが分かりやすく伝わるように表現を工夫している。（A(1)ウ） ・「話すこと・聞くこと」において，話の展開を予測しながら聞き，聞き取った内容や表現の仕方を評価して，自分の考えを広げたり深めたりしている。（A(1)エ）	・積極的に相手や場に応じた言葉遣いを使い，学習の見通しをもって討論しようとしている。

第3学年〔思考力，判断力，表現力等〕「B書くこと」

ア　関心のある事柄について批評するなど，自分の考えを書く活動		
知識・技能	思考・判断・表現	主体的に学習に取り組む態度
・長く親しまれている言葉や古典の一節を引用するなどして使っている。((3)イ)	・「書くこと」において，目的や意図に応じて，社会生活の中から題材を決め，集めた材料の客観性や信頼性を確認し，伝えたいことを明確にしている。(B(1)ア) ・「書くこと」において，表現の仕方を考えたり資料を適切に引用したりするなど，自分の考えが分かりやすく伝わる文章になるように工夫している。(B(1)ウ)	・粘り強く自分の考えが分かりやすく伝わる文章になるように工夫し，学習課題に沿って批評する文章を書こうとしている。
上記以外に設定することが考えられる評価規準の例		
・学年別漢字配当表に示されている漢字について，文や文章の中で使い慣れている。((1)ア) ・理解したり表現したりするために必要な語句の量を増し，話や文章の中で使うことを通して，語感を磨き語彙を豊かにしている。((1)イ) ・慣用句や四字熟語などについて理解を深め，話や文章の中で使うことを通して，語感を磨き語彙を豊かにしている。((1)イ) ・和語，漢語，外来語などを使い分けることを通して，語感を磨き語彙を豊かにしている。((1)イ) ・具体と抽象など情報と情報との関係について理解を深めている。((2)ア) ・情報の信頼性の確かめ方を理	・「書くこと」において，文章の種類を選択し，多様な読み手を説得できるように論理の展開などを考えて，文章の構成を工夫している。(B(1)イ) ・「書くこと」において，目的や意図に応じた表現になっているかなどを確かめて，文章全体を整えている。(B(1)エ) ・「書くこと」において，論理の展開などについて，読み手からの助言などを踏まえ，自分の文章のよい点や改善点を見いだしている。(B(1)オ)	・積極的に情報の信頼性の確かめ方を理解して使い，学習の見通しをもって批評する文章を書こうとしている。

巻末
資料

解し使っている。((2)イ) ・時間の経過による言葉の変化や世代による言葉の違いについて理解している。((3)ウ) ・身の回りの多様な表現を通して文字文化の豊かさに触れ,効果的に文字を書いている。((3)エ(ア)) ・自分の生き方や社会との関わり方を支える読書の意義と効用について理解している。((3)オ)		

イ　情報を編集して文章にまとめるなど，伝えたいことを整理して書く活動

知識・技能	思考・判断・表現	主体的に学習に取り組む態度
・話や文章の種類とその特徴について理解を深めている。((1)ウ) ・情報の信頼性の確かめ方を理解し使っている。((2)イ)	・「書くこと」において，文章の種類を選択し，多様な読み手を説得できるように論理の展開などを考えて，文章の構成を工夫している。(B(1)イ)	・積極的に文章の種類を選択し，学習の見通しをもって新聞にまとめようとしている。

上記以外に設定することが考えられる評価規準の例		
・学年別漢字配当表に示されている漢字について，文や文章の中で使い慣れている。((1)ア) ・理解したり表現したりするために必要な語句の量を増し，話や文章の中で使うことを通して，語感を磨き語彙を豊かにしている。((1)イ) ・慣用句や四字熟語などについて理解を深め，話や文章の中で使うことを通して，語感を磨き語彙を豊かにしている。((1)イ) ・和語，漢語，外来語などを使い分けることを通して，語感を磨き語彙を豊かにしている。((1)イ)	・「書くこと」において，目的や意図に応じて，社会生活の中から題材を決め，集めた材料の客観性や信頼性を確認し，伝えたいことを明確にしている。(B(1)ア) ・「書くこと」において，表現の仕方を考えたり資料を適切に引用したりするなど，自分の考えが分かりやすく伝わる文章になるように工夫している。(B(1)ウ) ・「書くこと」において，目的や意図に応じた表現になっているかなどを確かめて，文章全体を整えている。(B(1)エ) ・「書くこと」において，論理の展開などについて，読み手か	・進んで効果的に文字を書き,今までの学習を生かして発表のための資料を作成しようとしている。

知識・技能	思考・判断・表現	主体的に学習に取り組む態度
・敬語などの相手や場に応じた言葉遣いを理解し，適切に使っている。（(1)エ） ・具体と抽象など情報と情報との関係について理解を深めている。（(2)ア） ・長く親しまれている言葉や古典の一節を引用するなどして使っている。（(3)イ） ・時間の経過による言葉の変化や世代による言葉の違いについて理解している。（(3)ウ） ・身の回りの多様な表現を通して文字文化の豊かさに触れ，効果的に文字を書いている。（(3)エ(ｱ)） ・自分の生き方や社会との関わり方を支える読書の意義と効用について理解している。（(3)オ）	らの助言などを踏まえ，自分の文章のよい点や改善点を見いだしている。（B(1)オ）	

第3学年〔思考力，判断力，表現力等〕「C読むこと」

ア　論説や報道などの文章を比較するなどして読み，理解したことや考えたことについて討論したり文章にまとめたりする活動

知識・技能	思考・判断・表現	主体的に学習に取り組む態度
・具体と抽象など情報と情報との関係について理解を深めている。（(2)ア）	・「読むこと」において，文章の種類を踏まえて，論理の展開の仕方などを捉えている。（C(1)ア） ・「読むこと」において，文章を批判的に読みながら，文章に表れているものの見方や考え方について考えている。（C(1)イ）	・粘り強く論理の展開の仕方を捉え，学習課題に沿って考えたことについて討論しようとしている。
上記以外に設定することが考えられる評価規準の例		
・第2学年までに学習した常用漢字に加え，その他の常用漢字の大体を読んでいる。（(1)	・「読むこと」において，文章の構成や論理の展開，表現の仕方について評価している。（C	・積極的に話や文章の種類とその特徴について理解し，今までの学習を生かして考えたこ

ア)	（1）ウ）	とについてレポートにまとめようとしている。
・理解したり表現したりするために必要な語句の量を増し，話や文章の中で使うことを通して，語感を磨き語彙を豊かにしている。（（1）イ） ・慣用句や四字熟語などについて理解を深め，話や文章の中で使うことを通して，語感を磨き語彙を豊かにしている。（（1）イ） ・和語，漢語，外来語などを使い分けることを通して，語感を磨き語彙を豊かにしている。（（1）イ） ・話や文章の種類とその特徴について理解を深めている。（（1）ウ） ・情報の信頼性の確かめ方を理解し使っている。（（2）イ） ・時間の経過による言葉の変化や世代による言葉の違いについて理解している。（（3）ウ） ・自分の生き方や社会との関わり方を支える読書の意義と効用について理解している。（（3）オ）	・「読むこと」において，文章を読んで考えを広げたり深めたりして，人間，社会，自然などについて，自分の意見をもっている。（C（1）エ）	

イ　詩歌や小説などを読み，批評したり，考えたことなどを伝え合ったりする活動

知識・技能	思考・判断・表現	主体的に学習に取り組む態度
・時間の経過による言葉の変化や世代による言葉の違いについて理解している。（（3）ウ） ・自分の生き方や社会との関わり方を支える読書の意義と効用について理解している。（（3）オ）	・「読むこと」において，文章の構成や論理の展開，表現の仕方について評価している。（C（1）ウ）	・進んで表現の仕方について評価し，学習課題に沿って批評しようとしている。

上記以外に設定することが考えられる評価規準の例

| ・第2学年までに学習した常用 | ・「読むこと」において，文章の | ・粘り強く時間の経過による言 |

巻末資料

漢字に加え，その他の常用漢字の大体を読んでいる。（(1)ア）	種類を踏まえて，論理や物語の展開の仕方などを捉えている。（C(1)ア）	葉の変化や世代による言葉の違いについて理解し，今までの学習を生かして考えたことを説明しようとしている。
・理解したり表現したりするために必要な語句の量を増し，話や文章の中で使うことを通して，語感を磨き語彙を豊かにしている。（(1)イ）	・「読むこと」において，文章を批判的に読みながら，文章に表れているものの見方や考え方について考えている。（C(1)イ）	
・慣用句や四字熟語などについて理解を深め，話や文章の中で使うことを通して，語感を磨き語彙を豊かにしている。（(1)イ）	・「読むこと」において，文章を読んで考えを広げたり深めたりして，人間，社会，自然などについて，自分の意見をもっている。（C(1)エ）	
・和語，漢語，外来語などを使い分けることを通して，語感を磨き語彙を豊かにしている。（(1)イ）		
・話や文章の種類とその特徴について理解を深めている。（(1)ウ）		
・敬語などの相手や場に応じた言葉遣いを理解し，適切に使っている。（(1)エ）		
・具体と抽象など情報と情報との関係について理解を深めている。（(2)ア）		
・情報の信頼性の確かめ方を理解し使っている。（(2)イ）		
・歴史的背景などに注意して古典を読むことを通して，その世界に親しんでいる。（(3)ア）		
・長く親しまれている言葉や古典の一節を引用するなどして使っている。（(3)イ）		

ウ　実用的な文章を読み，実生活への生かし方を考える活動

知識・技能	思考・判断・表現	主体的に学習に取り組む態度
・情報の信頼性の確かめ方を理解し使っている。（(2)イ）	・「読むこと」において，文章の種類を踏まえて，論理の展開	・積極的に情報の信頼性の確かめ方を使って，今までの学習

	の仕方などを捉えている。（C(1)ア）	を生かして読んだ内容について実生活への生かし方を考えようとしている。
	・「読むこと」において，文章を読んで考えを広げたり深めたりして，人間，社会，自然などについて，自分の意見をもっている。（C(1)エ）	

上記以外に設定することが考えられる評価規準の例

・第2学年までに学習した常用漢字に加え，その他の常用漢字の大体を読んでいる。（(1)ア）	・「読むこと」において，文章を批判的に読みながら，文章に表れているものの見方や考え方について考えている。（C(1)イ）	・進んで文章を批判的に読み，学習課題に沿って読んだ内容について実生活への生かし方を考えようとしている。
・理解したり表現したりするために必要な語句の量を増し，話や文章の中で使うことを通して，語感を磨き語彙を豊かにしている。（(1)イ）	・「読むこと」において，文章の構成や論理の展開，表現の仕方について評価している。（C(1)ウ）	
・慣用句や四字熟語などについて理解を深め，話や文章の中で使うことを通して，語感を磨き語彙を豊かにしている。（(1)イ）		
・和語，漢語，外来語などを使い分けることを通して，語感を磨き語彙を豊かにしている。（(1)イ）		
・話や文章の種類とその特徴について理解を深めている。（(1)ウ）		
・敬語などの相手や場に応じた言葉遣いを理解し，適切に使っている。（(1)エ）		
・具体と抽象など情報と情報との関係について理解を深めている。（(2)ア）		
・時間の経過による言葉の変化や世代による言葉の違いについて理解している。（(3)ウ）		

巻末
資料

・自分の生き方や社会との関わり方を支える読書の意義と効用について理解している。（（3）オ）		

評価規準，評価方法等の工夫改善に関する調査研究について

平成 31 年 2 月 4 日　国立教育政策研究所長裁定
平成 31 年 4 月 12 日　一　　部　　改　　正

1　趣　　旨

　　学習評価については，中央教育審議会初等中等教育分科会教育課程部会において「児童生徒の学習評価の在り方について」（平成 31 年 1 月 21 日）の報告がまとめられ，新しい学習指導要領に対応した，各教科等の評価の観点及び評価の観点に関する考え方が示されたところである。

　　これを踏まえ，各小学校，中学校及び高等学校における児童生徒の学習の効果的，効率的な評価に資するため，教科等ごとに，評価規準，評価方法等の工夫改善に関する調査研究を行う。

2　調査研究事項

（1）評価規準及び当該規準を用いた評価方法に関する参考資料の作成

（2）学校における学習評価に関する取組についての情報収集

（3）上記（1）及び（2）に関連する事項

3　実施方法

　　調査研究に当たっては，教科等ごとに教育委員会関係者，教師及び学識経験者等を協力者として委嘱し，2 の事項について調査研究を行う。

4　庶　　務

　　この調査研究にかかる庶務は，教育課程研究センターにおいて処理する。

5　実施期間

　　平成 31 年 4 月 19 日～令和 2 年 3 月 31 日

巻末
資料

評価規準，評価方法等の工夫改善に関する調査研究協力者（五十音順）

（職名は平成 31 年 4 月現在）

碓氷　愛実　　　　埼玉大学教育学部附属中学校教諭

鈴木　太郎　　　　東京都教育庁統括指導主事

積山　昌典　　　　広島県立広島中学校教諭

冨山　哲也　　　　十文字学園女子大学教授

針尾有章子　　　　京都府総合教育センター研究主事兼指導主事

宮城　洋之　　　　三鷹の森学園三鷹市立第三中学校長

宮前　嘉則　　　　群馬県教育委員会義務教育課指導主事

国立教育政策研究所においては，次の関係官が担当した。

杉本　直美　　　　国立教育政策研究所教育課程研究センター研究開発部教育課程調査官

この他，本書編集の全般にわたり，国立教育政策研究所において以下の者が担当した。

笹井　弘之　　　　国立教育政策研究所教育課程研究センター長

清水　正樹　　　　国立教育政策研究所教育課程研究センター研究開発部副部長

髙井　　修　　　　国立教育政策研究所教育課程研究センター研究開発部研究開発課長

高橋　友之　　　　国立教育政策研究所教育課程研究センター研究開発部研究開発課指導係長

奥田　正幸　　　　国立教育政策研究所教育課程研究センター研究開発部研究開発課指導係専門職

森　　孝博　　　　国立教育政策研究所教育課程研究センター研究開発部教育課程調査官

学習指導要領等関係資料について

　学習指導要領等の関係資料は以下のとおりです。いずれも，文部科学省や国立教育政策研究所のウェブサイトから閲覧が可能です。スマートフォンなどで閲覧する際は，以下の二次元コードを読み取って，資料に直接アクセスする事が可能です。本書と合わせて是非ご覧ください。

① 学習指導要領、学習指導要領解説　等
② 中央教育審議会答申「幼稚園、小学校、中学校、高等学校及び特別支援学校の学習指導要領等の改善及び必要な方策等について」(平成28年12月21日)
③ 中央教育審議会初等中等教育分科会教育課程部会報告「児童生徒の学習評価の在り方について」(平成31年1月21日)
④ 小学校，中学校，高等学校及び特別支援学校等における児童生徒の学習評価及び指導要録の改善等について(平成31年3月29日30文科初第1845号初等中等教育局長通知)
　　　　　　　　　　※各教科等の評価の観点等及びその趣旨や指導要録(参考様式)は，同通知に掲載。
⑤ 学習評価の在り方ハンドブック(小・中学校編)(令和元年6月)
⑥ 学習評価の在り方ハンドブック(高等学校編)(令和元年6月)
⑦ 平成29年改訂の小・中学校学習指導要領に関するQ&A
⑧ 平成30年改訂の高等学校学習指導要領に関するQ&A
⑨ 平成29・30年改訂の学習指導要領下における学習評価に関するQ&A

①　②　③

④　⑤　⑥

⑦　⑧　⑨

巻末
資料

学習評価の
在り方
ハンドブック

小・中学校編

文部科学省　国立教育政策研究所教育課程研究センター

学習指導要領

学習指導要領とは, 国が定めた「教育課程の基準」です。

（学校教育法施行規則第52条, 74条, 84条及び129条等より）

■学習指導要領の構成
〈小学校の例〉

総則は, 以下の項目で整理され, 全ての教科等に共通する事項が記載されています。
- 第1 小学校教育の基本と教育課程の役割
- 第2 教育課程の編成
- 第3 教育課程の実施と学習評価
- 第4 児童の発達の支援
- 第5 学校運営上の留意事項
- 第6 道徳教育に関する配慮事項

> 学習評価の実施に当たっての配慮事項

前文
第1章　総則
第2章　各教科
　　　　第1節　　国語
　　　　第2節　　社会
　　　　第3節　　算数
　　　　第4節　　理科
　　　　第5節　　生活
　　　　第6節　　音楽
　　　　第7節　　図画工作
　　　　第8節　　家庭
　　　　第9節　　体育
　　　　第10節　外国語
第3章　特別の教科 道徳
第4章　外国語活動
第5章　総合的な学習の時間
第6章　特別活動

各教科等の目標, 内容等が記載されています。
（例）第1節　国語
- 第1 目標
- 第2 各学年の目標及び内容
- 第3 指導計画の作成と内容の取扱い

　平成29年改訂学習指導要領の各教科等の目標や内容は, 教育課程全体を通して育成を目指す資質・能力の三つの柱に基づいて再整理されています。

ア 何を理解しているか, 何ができるか
　（生きて働く「知識・技能」の習得）
イ 理解していること・できることをどう使うか（未知の状況にも対応できる「思考力・判断力・表現力等」の育成）
ウ どのように社会・世界と関わり, よりよい人生を送るか
　（学びを人生や社会に生かそうとする「学びに向かう力・人間性等」の涵養）

平成29年改訂「小学校学習指導要領」より
※中学校もおおむね同様の構成です。

詳しくは, 文部科学省Webページ「学習指導要領のくわしい内容」をご覧ください。
(http://www.mext.go.jp/a_menu/shotou/new-cs/1383986.htm)

学習指導要領解説

学習指導要領解説とは，大綱的な基準である学習指導要領の記述の意味や解釈などの詳細について説明するために，文部科学省が作成したものです。

■学習指導要領解説の構成
〈小学校 国語編の例〉

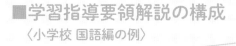

● 第1章 総説
　　　　1　改訂の経緯及び基本方針
　　　　2　国語科の改訂の趣旨及び要点

> 総説
> 改訂の経緯及び
> 基本方針

● 第2章 国語科の目標及び内容
　第1節　国語科の目標
　　　　1　教科の目標
　　　　2　学年の目標
　第2節　国語科の内容
　　　　1　内容の構成
　　　　2　〔知識及び技能〕の内容
　　　　3　〔思考力，判断力，表現力等〕の内容

● 第3章 各学年の内容
　第1節　第1学年及び第2学年の内容
　　　　1　〔知識及び技能〕
　　　　2　〔思考力，判断力，表現力等〕
　第2節　第3学年及び第4学年の内容
　　　　1　〔知識及び技能〕
　　　　2　〔思考力，判断力，表現力等〕
　第3節　第5学年及び第6学年の内容
　　　　1　〔知識及び技能〕
　　　　2　〔思考力，判断力，表現力等〕

● 第4章 指導計画の作成と内容の取扱い
　　　　1　指導計画作成上の配慮事項
　　　　2　内容の取扱いについての配慮事項
　　　　3　教材についての配慮事項

●付録
付録1：学校教育施行規則（抄）
付録2：小学校学習指導要領　第1章　総則
付録3：小学校学習指導要領　第2章　第1節　国語
付録4：教科の目標,各学年の目標及び内容の系統表
　　　　（小・中学校国語科）
付録5：中学校学習指導要領　第2章　第1節　国語
付録6：小学校学習指導要領　第2章　第10節　外国語
付録7：小学校学習指導要領　第4章　外国語活動
付録8：小学校学習指導要領　第3章　特別の教科　道徳
付録9：「道徳の内容」の学年段階・学校段階の一覧表
付録10：幼稚園教育要領

> 教科等の目標
> 及び内容の概要

> 参考
> （系統性等）

> 学年や
> 分野ごとの内容

> 指導計画作成や
> 内容の取扱いに係る配慮事項

「小学校学習指導要領解説 国語編」より
※中学校もおおむね同様の構成です。「総則編」，「総合的な学習の時間編」及び「特別活動編」は異なった構成となっています。

▶ 教師は，学習指導要領で定めた資質・能力が，児童生徒に確実に育成されているかを評価します

学習評価の基本的な考え方

学習評価は, 学校における教育活動に関し, 児童生徒の学習状況を評価するものです。「児童生徒にどういった力が身に付いたか」という学習の成果を的確に捉え, **教師が指導の改善を図る**とともに, **児童生徒自身が自らの学習を振り返って次の学習に向かうことができるようにする**ためにも, 学習評価の在り方は重要であり, 教育課程や学習・指導方法の改善と一貫性のある取組を進めることが求められます。

カリキュラム・マネジメントの一環としての指導と評価

各学校は, 日々の授業の下で児童生徒の学習状況を評価し, その結果を児童生徒の学習や教師による指導の改善や学校全体としての教育課程の改善, 校務分掌を含めた組織運営等の改善に生かす中で, 学校全体として組織的かつ計画的に教育活動の質の向上を図っています。

このように, 「学習指導」と「学習評価」は学校の教育活動の根幹であり, 教育課程に基づいて組織的かつ計画的に教育活動の質の向上を図る「カリキュラム・マネジメント」の中核的な役割を担っています。

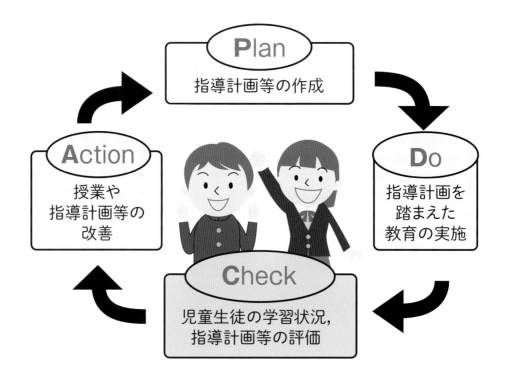

主体的・対話的で深い学びの視点からの授業改善と評価

指導と評価の一体化を図るためには, 児童生徒一人一人の学習の成立を促すための評価という視点を一層重視することによって, 教師が自らの指導のねらいに応じて授業の中での児童生徒の学びを振り返り, 学習や指導の改善に生かしていくというサイクルが大切です。平成29年改訂学習指導要領で重視している「主体的・対話的で深い学び」の視点からの授業改善を通して, 各教科等における資質・能力を確実に育成する上で, 学習評価は重要な役割を担っています。

次の授業では
〇〇を重点的に
指導しよう。

☑ 教師の指導改善に
つながるものにしていくこと

☑ 児童生徒の学習改善に
つながるものにしていくこと

☑ これまで慣行として行われてきたことでも,
必要性・妥当性が認められないものは
見直していくこと

〇〇のところは
もっと〜した方が
よいですね。

詳しくは,平成31年3月29日文部科学省初等中等教育局長通知「小学校,中学校,高等学校及び特別支援学校等における児童生徒の学習評価及び指導要録の改善等について(通知)」をご覧ください。
(http://www.mext.go.jp/b_menu/hakusho/nc/1415169.htm)

評価に戸惑う児童生徒の声

「先生によって観点の重みが違うんです。授業態度をとても重視する先生もいるし,テストだけで判断するという先生もいます。そうすると,どう努力していけばよいのか本当に分かりにくいんです。」(中央教育審議会初等中等教育分科会教育課程部会 児童生徒の学習評価に関するワーキンググループ第7回における高等学校3年生の意見より)

あくまでこれは一部の意見ですが,学習評価に対する児童生徒のこうした意見には,適切な評価を求める切実な思いが込められています。そのような児童生徒の声に応えるためにも,教師は,児童生徒への学習状況のフィードバックや,授業改善に生かすという評価の機能を一層充実させる必要があります。教師と児童生徒が共に納得する学習評価を行うためには,評価規準を適切に設定し,評価の規準や方法について,教師と児童生徒及び保護者で共通理解を図るガイダンス的な機能と,児童生徒の自己評価と教師の評価を結び付けていくカウンセリング的な機能を充実させていくことが重要です。

Column

学習評価の基本構造

　平成29年改訂で,学習指導要領の目標及び内容が資質・能力の三つの柱で再整理されたことを踏まえ,各教科における観点別学習状況の評価の観点については,「知識・技能」,「思考・判断・表現」,「主体的に学習に取り組む態度」の3観点に整理されています。

「学びに向かう力,人間性等」には
①「主体的に学習に取り組む態度」として観点別評価(学習状況を分析的に捉える)を通じて見取ることができる部分と,
②観点別評価や評定にはなじまず,こうした評価では示しきれないことから個人内評価を通じて見取る部分があります。

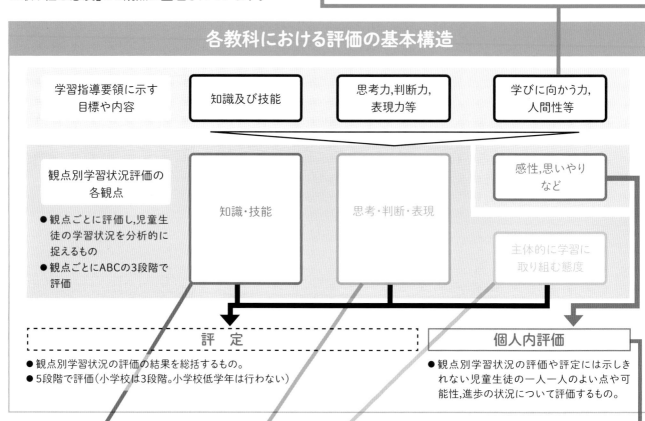

各教科における評価の基本構造

| 学習指導要領に示す目標や内容 | 知識及び技能 | 思考力,判断力,表現力等 | 学びに向かう力,人間性等 |

観点別学習状況評価の各観点
●観点ごとに評価し,児童生徒の学習状況を分析的に捉えるもの
●観点ごとにABCの3段階で評価

知識・技能　　思考・判断・表現　　感性,思いやりなど

主体的に学習に取り組む態度

評定
●観点別学習状況の評価の結果を総括するもの。
●5段階で評価(小学校は3段階。小学校低学年は行わない)

個人内評価
●観点別学習状況の評価や評定には示しきれない児童生徒の一人一人のよい点や可能性,進歩の状況について評価するもの。

　各教科等における学習の過程を通した知識及び技能の習得状況について評価を行うとともに,それらを既有の知識及び技能と関連付けたり活用したりする中で,他の学習や生活の場面でも活用できる程度に概念等を理解したり,技能を習得したりしているかを評価します。

　各教科等の知識及び技能を活用して課題を解決する等のために必要な思考力,判断力,表現力等を身に付けているかどうかを評価します。

　知識及び技能を獲得したり,思考力,判断力,表現力等を身に付けたりするために,自らの学習状況を把握し,学習の進め方について試行錯誤するなど自らの学習を調整しながら,学ぼうとしているかどうかという意思的な側面を評価します。

　個人内評価の対象となるものについては,児童生徒が学習したことの意義や価値を実感できるよう,日々の教育活動等の中で児童生徒に伝えることが重要です。特に,「学びに向かう力,人間性等」のうち「感性や思いやり」など児童生徒一人一人のよい点や可能性,進歩の状況などを積極的に評価し児童生徒に伝えることが重要です。

　詳しくは,平成31年1月21日文部科学省中央教育審議会初等中等教育分科会教育課程部会「児童生徒の学習評価の在り方について(報告)」をご覧ください。
(http://www.mext.go.jp/b_menu/shingi/chukyo/chukyo3/004/gaiyou/1412933.htm)

特別の教科 道徳, 外国語活動, 総合的な学習の時間及び特別活動の評価について

　特別の教科 道徳, 外国語活動(小学校のみ), 総合的な学習の時間, 特別活動についても, 学習指導要領で示したそれぞれの目標や特質に応じ, 適切に評価します。なお, 道徳科の評価は, 入学者選抜の合否判定に活用することのないようにする必要があります。

特別の教科 道徳(道徳科)

　児童生徒の人格そのものに働きかけ, 道徳性を養うことを目標とする道徳科の評価としては, 観点別評価は妥当ではありません。授業において児童生徒に考えさせることを明確にして,「道徳的諸価値についての理解を基に, 自己を見つめ, 物事を(広い視野から)多面的・多角的に考え, 自己の(人間としての)生き方についての考えを深める」という学習活動における児童生徒の具体的な取組状況を, 一定のまとまりの中で, 児童生徒が学習の見通しを立てたり学習したことを振り返ったりする活動を適切に設定しつつ, 学習活動全体を通して見取ります。

外国語活動(小学校のみ)

　評価の観点については, 学習指導要領に示す「第1目標」を踏まえ, 右の表を参考に設定することとしています。この3つの観点に則して児童の学習状況を見取ります。

知識・技能	思考・判断・表現	主体的に学習に取り組む態度
● 外国語を通して, 言語や文化について体験的に理解を深めている。 ● 日本語と外国語の音声の違い等に気付いている。 ● 外国語の音声や基本的な表現に慣れ親しんでいる。	身近で簡単な事柄について, 外国語で聞いたり話したりして自分の考えや気持ちなどを伝え合っている。	外国語を通して, 言語やその背景にある文化に対する理解を深め, 相手に配慮しながら, 主体的に外国語を用いてコミュニケーションを図ろうとしている。

総合的な学習の時間

　評価の観点については, 学習指導要領に示す「第1目標」を踏まえ, 各学校において具体的に定めた目標, 内容に基づいて, 右の表を参考に定めることとしています。この3つの観点に則して児童生徒の学習状況を見取ります。

知識・技能	思考・判断・表現	主体的に学習に取り組む態度
探究的な学習の過程において, 課題の解決に必要な知識や技能を身に付け, 課題に関わる概念を形成し, 探究的な学習のよさを理解している。	実社会や実生活の中から問いを見いだし, 自分で課題を立て, 情報を集め, 整理・分析して, まとめ・表現している。	探究的な学習に主体的・協働的に取り組もうとしているとともに, 互いのよさを生かしながら, 積極的に社会に参画しようとしている。

特別活動

　特別活動の特質と学校の創意工夫を生かすということから, 設置者ではなく, 各学校が評価の観点を定めることとしています。その際, 学習指導要領に示す特別活動の目標や学校として重点化した内容を踏まえ, 例えば以下のように, 具体的に観点を示すことが考えられます。

特別活動の記録

内容	観点 ＼ 学年	1	2	3	4	5	6
学級活動	よりよい生活を築くための知識・技能	○		○	○	○	
児童会活動	集団や社会の形成者としての思考・判断・表現		○			○	
クラブ活動	主体的に生活や人間関係をよりよくしようとする態度				○		
学校行事			○		○	○	

　各学校で定めた観点を記入した上で, 内容ごとに, 十分満足できる状況にあると判断される場合に, ○印を記入します。

　○印をつけた具体的な活動の状況等については,「総合所見及び指導上参考となる諸事項」の欄に簡潔に記述することで, 評価の根拠を記録に残すことができます。

小学校児童指導要録(参考様式)様式2の記入例(5年生の例)

　なお, 特別活動は学級担任以外の教師が指導する活動が多いことから, 評価体制を確立し, 共通理解を図って, 児童生徒のよさや可能性を多面的・総合的に評価するとともに, 確実に資質・能力が育成されるよう指導の改善に生かすことが求められます。

観点別学習状況の評価について

　観点別学習状況の評価とは，学習指導要領に示す目標に照らして，その実現状況がどのようなものであるかを，観点ごとに評価し，児童生徒の学習状況を分析的に捉えるものです。

▎「知識・技能」の評価の方法

　「知識・技能」の評価の考え方は，従前の評価の観点である「知識・理解」，「技能」においても重視してきたところです。具体的な評価方法としては，例えばペーパーテストにおいて，事実的な知識の習得を問う問題と，知識の概念的な理解を問う問題とのバランスに配慮するなどの工夫改善を図る等が考えられます。また，児童生徒が文章による説明をしたり，各教科等の内容の特質に応じて，観察・実験をしたり，式やグラフで表現したりするなど実際に知識や技能を用いる場面を設けるなど，多様な方法を適切に取り入れていくこと等も考えられます。

▎「思考・判断・表現」の評価の方法

　「思考・判断・表現」の評価の考え方は，従前の評価の観点である「思考・判断・表現」においても重視してきたところです。具体的な評価方法としては，ペーパーテストのみならず，論述やレポートの作成，発表，グループや学級における話合い，作品の制作や表現等の多様な活動を取り入れたり，それらを集めたポートフォリオを活用したりするなど評価方法を工夫することが考えられます。

▎「主体的に学習に取り組む態度」の評価の方法

　具体的な評価方法としては，ノートやレポート等における記述，授業中の発言，教師による行動観察や，児童生徒による自己評価や相互評価等の状況を教師が評価を行う際に考慮する材料の一つとして用いることなどが考えられます。その際，各教科等の特質に応じて，児童生徒の発達の段階や一人一人の個性を十分に考慮しながら，「知識・技能」や「思考・判断・表現」の観点の状況を踏まえた上で，評価を行う必要があります。

「主体的に学習に取り組む態度」の評価のイメージ

○「主体的に学習に取り組む態度」の評価については,①知識及び技能を獲得したり,思考力,判断力,表現力等を身に付けたりすることに向けた粘り強い取組を行おうとする側面と,②①の粘り強い取組を行う中で,自らの学習を調整しようとする側面,という二つの側面から評価することが求められる。

○これら①②の姿は実際の教科等の学びの中では別々ではなく相互に関わり合いながら立ち現れるものと考えられる。例えば,自らの学習を全く調整しようとせず粘り強く取り組み続ける姿や,粘り強さが全くない中で自らの学習を調整する姿は一般的ではない。

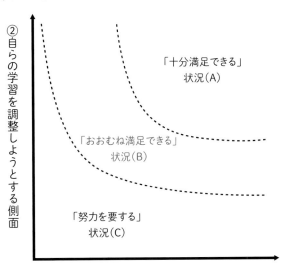

② 自らの学習を調整しようとする側面

「十分満足できる」状況（A）

「おおむね満足できる」状況（B）

「努力を要する」状況（C）

① 粘り強い取組を行おうとする側面

　ここでの評価は,その学習の調整が「適切に行われるか」を必ずしも判断するものではなく,学習の調整が知識及び技能の習得などに結びついていない場合には,教師が学習の進め方を適切に指導することが求められます。

「自らの学習を調整しようとする側面」とは…

　自らの学習状況を把握し,学習の進め方について試行錯誤するなどの意思的な側面のことです。評価に当たっては,児童生徒が自らの理解の状況を振り返ることができるような発問の工夫をしたり,自らの考えを記述したり話し合ったりする場面,他者との協働を通じて自らの考えを相対化する場面を,単元や題材などの内容のまとまりの中で設けたりするなど,「主体的・対話的で深い学び」の視点からの授業改善を図る中で,適切に評価できるようにしていくことが重要です。

コラム

「主体的に学習に取り組む態度」は,「関心・意欲・態度」と同じ趣旨ですが…
〜こんなことで評価をしていませんでしたか？〜

　平成31年1月21日文部科学省中央教育審議会初等中等教育分科会教育課程部会「児童生徒の学習評価の在り方について（報告）」では,学習評価について指摘されている課題として,「関心・意欲・態度」の観点について「学校や教師の状況によっては,挙手の回数や毎時間ノートを取っているかなど,性格や行動面の傾向が一時的に表出された場面を捉える評価であるような誤解が払拭し切れていない」ということが指摘されました。これを受け,従来から重視されてきた各教科等の学習内容に関心をもつことのみならず,よりよく学ぼうとする意欲をもって学習に取り組む態度を評価するという趣旨が改めて強調されました。

Column

学習評価の充実

学習評価の妥当性，信頼性を高める工夫の例

- 評価規準や評価方法について，事前に教師同士で検討するなどして明確にすること，評価に関する実践事例を蓄積し共有していくこと，評価結果についての検討を通じて評価に係る教師の力量の向上を図ることなど，学校として組織的かつ計画的に取り組む。
- 学校が児童生徒や保護者に対し，評価に関する仕組みについて事前に説明したり，評価結果について丁寧に説明したりするなど，評価に関する情報をより積極的に提供し児童生徒や保護者の理解を図る。

評価時期の工夫の例

- 日々の授業の中では児童生徒の学習状況を把握して指導に生かすことに重点を置きつつ，各教科における「知識・技能」及び「思考・判断・表現」の評価の記録については，原則として単元や題材などのまとまりごとに，それぞれの実現状況が把握できる段階で評価を行う。
- 学習指導要領に定められた各教科等の目標や内容の特質に照らして，複数の単元や題材などにわたって長期的な視点で評価することを可能とする。

学年や学校間の円滑な接続を図る工夫の例

- 「キャリア・パスポート」を活用し，児童生徒の学びをつなげることができるようにする。
- 小学校段階においては，幼児期の教育との接続を意識した「スタートカリキュラム」を一層充実させる。
- 高等学校段階においては，入学者選抜の方針や選抜方法の組合せ，調査書の利用方法，学力検査の内容等について見直しを図ることが考えられる。

評価方法の工夫の例

全国学力・学習状況調査
(問題や授業アイディア例)を参考にした例

　平成19年度より毎年行われている全国学力・学習状況調査では,知識及び技能等を実生活の様々な場面に活用する力や,様々な課題解決のための構想を立て実践し評価・改善する力などに関わる内容の問題が出題されています。

　全国学力・学習状況調査の解説資料や報告書,授業アイディア例を参考にテストを作成したり,授業を工夫したりすることもできます。

> 　詳しくは,国立教育政策研究所Webページ「全国学力・学習状況調査」をご覧ください。
> (http://www.nier.go.jp/kaihatsu/zenkokugakuryoku.html)

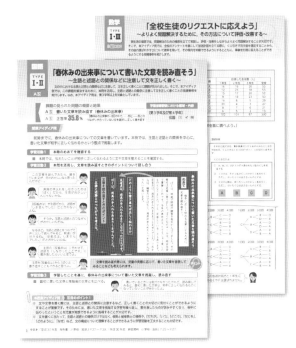

授業アイディア例

評価の方法の共有で働き方改革

　ペーパーテスト等のみにとらわれず,一人一人の学びに着目して評価をすることは,教師の負担が増えることのように感じられるかもしれません。しかし,児童生徒の学習評価は教育活動の根幹であり,「カリキュラム・マネジメント」の中核的な役割を担っています。その際,助けとなるのは,教師間の協働と共有です。

　評価の方法やそのためのツールについての悩みを一人で抱えることなく,学校全体や他校との連携の中で,計画や評価ツールの作成を分担するなど,これまで以上に協働と共有を進めれば,教師一人当たりの量的・時間的・精神的な負担の軽減につながります。風通しのよい評価体制を教師間で作っていくことで,評価方法の工夫改善と働き方改革にもつながります。

「指導と評価の一体化の取組状況」

A:学習評価を通じて,学習評価のあり方を見直すことや個に応じた指導の充実を図るなど,指導と評価の一体化に学校全体で取り組んでいる。

B:指導と評価の一体化の取組は,教師個人に任されている。

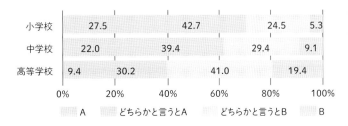

（平成29年度文部科学省委託調査「学習指導と学習評価に対する意識調査」より）

Q&A −先生方の質問にお答えします−

Q1 1回の授業で，3つの観点全てを評価しなければならないのですか。

A. 学習評価については，日々の授業の中で児童生徒の学習状況を適宜把握して指導の改善に生かすことに重点を置くことが重要です。したがって観点別学習状況の評価の記録に用いる評価については，毎回の授業ではなく原則として単元や題材などの内容や時間のまとまりごとに，それぞれの実現状況を把握できる段階で行うなど，その場面を精選することが重要です。

Q2 「十分満足できる」状況（A）はどのように判断したらよいのですか。

A. 各教科において「十分満足できる」状況（A）と判断するのは，評価規準に照らし，児童生徒が実現している学習の状況が質的な高まりや深まりをもっていると判断される場合です。「十分満足できる」状況（A）と判断できる児童生徒の姿は多様に想定されるので，学年会や教科部会等で情報を共有することが重要です。

Q3 指導要録の文章記述欄が多く，かなりの時間を要している現状を解決できませんか。

A. 本来，学習評価は日常の指導の場面で，児童生徒本人へフィードバックを行う機会を充実させるとともに，通知表や面談などの機会を通して，保護者との間でも評価に関する情報共有を充実させることが重要です。このため，指導要録における文章記述欄については，例えば，「総合所見及び指導上参考となる諸事項」については，要点を箇条書きとするなど，必要最小限のものとなるようにしました。また，小学校第3学年及び第4学年における外国語活動については，記述欄を簡素化した上で，評価の観点に即して，児童の学習状況に顕著な事項がある場合などにその特徴を記入することとしました。

Q4 評定以外の学習評価についても保護者の理解を得るにはどのようにすればよいのでしょうか。

A. 保護者説明会等において，学習評価に関する説明を行うことが効果的です。各教科等における成果や課題を明らかにする「観点別学習状況の評価」と，教育課程全体を見渡した学習状況を把握することが可能な「評定」について，それぞれの利点や，上級学校への入学者選抜に係る調査書のねらいや活用状況を明らかにすることは，保護者との共通理解の下で児童生徒への指導を行っていくことにつながります。

Q5 障害のある児童生徒の学習評価について，どのようなことに配慮すべきですか。

A. 学習評価に関する基本的な考え方は，障害のある児童生徒の学習評価についても変わるものではありません。このため，障害のある児童生徒については，特別支援学校等の助言または援助を活用しつつ，個々の児童生徒の障害の状態等に応じた指導内容や指導方法の工夫を行い，その評価を適切に行うことが必要です。また，指導要録の通級による指導に関して記載すべき事項が個別の指導計画に記載されている場合には，その写しをもって指導要録への記入に替えることも可能としました。

文部科学省
国立教育政策研究所
National Institute for Educational Policy Research
NIER

令和元年6月
文部科学省　国立教育政策研究所教育課程研究センター
〒100-8951 東京都千代田区霞が関3丁目2番2号　TEL 03-6733-6833（代表）

「指導と評価の一体化」のための
学習評価に関する参考資料
【中学校　国語】

令和 2 年 6 月 27 日	初版発行
令和 3 年 2 月 25 日	7 版発行

著作権所有	国立教育政策研究所 教育課程研究センター
発 行 者	東京都文京区本駒込 5 丁目 16 番 7 号 株式会社　東洋館出版社 代表者　錦織　圭之介
印 刷 者	大阪市住之江区中加賀屋 4 丁目 2 番 10 号 岩岡印刷株式会社

発 行 所	東京都文京区本駒込 5 丁目 16 番 7 号 株式会社　東洋館出版社 電話　03-3823-9206

ISBN978-4-491-04132-2　　　定価：本体 950 円
（税込 1,045 円）税 10％